더 멀리 보고 반걸음 앞서가는

이용우의 플랜

답

인터뷰어(interviewer) 소개

이쌍규

정치 평론 및 여론조사 전문가로 대구보건대학 사회복지학과 겸임교수, 참여정부 교육인적자원부 부총리 비서관, ㈜ GIG(Global Investment Group) 대표이사, 팟캐스트 〈나친박〉 진행자 및 책임연출(CP), 〈新넘버 쓰리〉 방송기획 및 제작, 스마트 미디어 N 방송본부장 등을 역임했다. 공중파 방송 활동으로는 TBN 교통방송 "이쌍규의 통계로 본 세상"을 진행하였고, 저서로는 『여론조사 SPSS로 단숨에 끝내기』(길벗 ,1998), 『SPSS를 활용한 여론조사』(삼우사, 2002), 『마케팅 통계 실무』(부산광역시 교육청, 2008), 『역사 라듸오 조선 1』(글과 생각, 2015)등이 있다.

정인성

다양한 분야에서 재미와 의미를 찾는 N잡러.

작가로서는 〈세상을 바꾼 명연설〉 시리즈를 집필 중이고, 온라인 방송콘텐츠 및 영화 제작에도 참여하고 있다.

김지은

말과 글로 담백하게 세상을 전하는 아나운서.

〈Political Effect〉에 인터뷰어로 참여하고 있다.

본 인터뷰는 2023년 5월 28일 일요일, 국회 이용우 의원실에서 진행되었다.

차례

- 추천사   6
- 프롤로그   13

1부 | 두 발로 선 대한민국

- 내가 생각하는 정치 & 정치인   26
- 두 발로 선 정당정치   44
- 공정을 위한 혁신, 혁신을 위한 공정   64
- 모두를 위한 다른 생각   82
- 기로에 선 대한민국   99

2부 | 안녕하세요? 이용우입니다.

- 삐딱한 모범생   114
- 서울대 82학번 이용우   124
- 경제의 정글 속으로   138
- 카카오뱅크   149
- 경제인에서 정치인으로   157
- 성찰과 재도전   163
- 위기의 한국경제   182
- 투명하고 공정한 경제를 위하여   189

- 노후소득을 책임지는 나라   207
- 대전환 시대의 자본주의   215
- 나는 왜 정치를 하는가?   228

3부 | 의원회관 313호

- 소용훈 사무국장   250
- 이승현 보좌관   261
- 한진 비서관   271

4부 | 이용우의 생각

- 한류와 혁신   284
- 열린 사회를 위한 '악마의 대변인'   287
- 선택 그리고 결정   290
- 걸림돌, 아니면 디딤돌   293
- 공급자 마인드, 잘될까?   295
- 안다는 것   298
- 매듭   301
- 자기평가   303
- 세상에 없는 세 가지   306

- 에필로그   311

추천사

이계안, 최흥식, 한상완, 곽정수, 이남우

이계안

평택대학교 이사장, 전 국회의원 & 현대차 사장

공정한 시장 市場

존경하는 이용우 의원이 만들고 싶어 하는 세상은 "공정한 시장"을 통해서 이루는 세상이다. 이 말은 시장이 제 구실을 제대로 하기 위해서는 '보이는 손'이 필요하다는 것이다. 나는 그 보이는 손을 통쳐서 시장市場이라고 부른다. 그리고 그 일을 넉넉히 감당할 수 있는 정치인이 나타나기를 고대해왔다.

학교 선배로, 직장 상사로, 정치판을 먼저 맛본 자로 오랜 시간 이용우 의원을 지켜본 나는 이 책 『이용우의 플랜』을 읽으며 더욱 확신에 차서 말할 수 있겠다. "이용우 의원이 내가 고대해왔던 바로 그 정치인이라고." 또한 믿어 의심치 않는다. 이용우 의원이 꿈꾸는 세상이 바로 우리가 두 손을 마주 잡고 함께 만들어가야 하는 그 세상이라고.

최흥식

전 금융감독원장, 한국CFO협회장

정치인 이용우를 깊게 알 수 있게 해주는 책이다. 실사구시로 공정과 혁신의 여건을 뿌리내리고자 하는 의지를 느낄 수 있었다. 이용우 의원을 처음 만난 것은 1990년대초 정치에 한발 들여놓았다가 빠져나오던 시절이었다.

그후 간혹 만나 얘기를 나눌 기회가 있었다. 그는 항상 사회적 현상을 보고 그 이면에 깔린 사실까지 끄집어내고, 이를 당연시하기 보다는 항상 '왜 그럴까?' 라는 문제의식을 가지고 바라보는 사람이었다. 그리고 이익과 돈과는 상관없이 개선방안을 고민하여 올바른 사회의 방향성을 찾으려고 노력하였다. 이러한 그가 국회의원직에 도전한다고 하여 당연하다고 받아들였다. 그는 짧은 기간이지만 국회에서 제

몫을 하고 있다. 이 대담집과 지난번에 출간된 '두 발로 선 경제'를 읽어보고 이러한 정치인이 사심없이 국회에서 제 역할을 수행할 수 있어야 한다고 생각한다. 이 대담집에서 얘기한 내용들을 보다 구체화하기 위해 국회에서 지속적으로 활동할 수 있기를 기대해본다. 일독하면 진정성을 갖고 본연의 역할을 성실히 수행하는 이용우라는 정치인을 만날 것이고 그의 지속적인 정치 활동이 필요할 것임을 확신할 수 있을 것이다.

한상완

전 현대경제연구원 대표

서브프라임 금융 위기가 터지면서 신자유주의가 초래한 양극화의 한계가 여과 없이 드러났고, 우리는 새로운 형태의 경제 체제에 대한 실험을 하고 있다.

일부 국가에서는 기본소득 구상을 실험해보기도 하고, 일부 국가는 초거대 정부로 진행하고 있다. 결국 실리콘 밸리의 AI와 로봇이 앗아간 일자리를 대신하여 정부가 어떻게 가계 소득을 만들어 줄 것인가에 정책의 초점이 맞춰지고 있다. 그러나 우리는 아직 신자유주의를 대체하는 새로운 경제 체제가 무엇인지 알지 못한다. 불행하게도 경제 주체들은 현장에서 각자의 생업을 살아내야 한다.

칠흑 같은 어둠 속에서 바른 방향으로 경제 주체를 이끌어야 하는 지도자들의 어깨가 더 무거워지는 시기이다. 내가 아는 이용우 박사는 이와 같은 어려운 일을 맡아 수행할 수 있는 적임자이다. 특히 이 책에서 새로운 경제 환경에 맞는 새로운 경제 체제가 어떤 것이 되어야 하는지에 대한 그의 생각의 단면을 엿볼 수 있었다. 그의 생각에 다시 한번 깊이 공감한다.

곽정수

한겨레경제사회연구원 선임기자

이용우 의원은 모두 인정하듯 경제이론과 실물경제를 겸비한 경제전문가이다. 말로만, 입으로만 경제를 아는 전문가는 적지 않다. 하지만 그처럼 경제박사 학위를 따고, 경제 현장에 뛰어들어 몸으로 부닥치며 구체적인 성과까지 낸 전문가는 흔치 않다.

이용우 의원은 시장경제 원리를 존중한다. 그러나 경제 불평등처럼 시장이 해결하지 못하는 문제에서는 정부의 적극적인 역할을 강조하는 균형감을 갖추었다. 그는 실물경제에 몸담고 있을 때도 이윤 극대화만을 쫓는 일반 기업인과는 달랐다.

한국투자신탁운용에서 최고투자책임자를 맡고 있을 때 마침 삼성물산-제일모직 불공정 합병사건이 터졌다. 대다수 증권사가 합병에 문제가 없다는 보고서를 낼 때, 합병비율이 적정하지 않다면서 깊이 고뇌하던 모습이 지금도 생생하다. 결국 얼마 뒤 자리에서 물러났다. 지금은 모든 국민이 알고 있듯이, 그의 생각은 틀리지 않았다.

이용우 의원이 카카오뱅크의 공동대표를 맡던 시절에는 논란이 컸던 인터넷은행의 금산분리 이슈에 대해 수차례 깊은 대화를 나누었다. 그는 그 와중에도 불과 3년만에 은행의 영업기반을 구축하고 흑자달성에 성공했다.

그러더니 남들이 부러워하는 은행 대표 자리를 박차고 나와, 21대 총선에 도전장을 내고 국회의원에 당선되어 또한 번 주위를 놀라게 했다. 항상 한국사회와 경제가 나아가야 할 방향을 생각하고, 자신이 무엇을 할 것인가를 고민해온

그다운 결단이라고 생각했다.

21대 국회에서는 자신의 전문역량을 잘 발휘할 수 있는 정무위원회에 속해 있으면서 기업지배구조, 공정거래, 금융시장 분야에서 그 누구보다 활발한 입법활동을 했다. 이번 책은 경제가 공정과 혁신의 두 발로 서야 발전할 수 있다는 그의 경제철학에 기반한 정책대안이 담겨있다. 단순한 규제완화가 아니라 규제 위반자에 대한 엄정한 책임 추궁을 수반한 네거티브 규제 시스템으로의 전환이 대표적이다. 많은 국민이 쉽게 공감할 수 있는 내용이다. 연금개혁, 정년연장 등 우리 사회의 뜨거운 감자들에 대한 생각도 참신하다.

인터뷰라는 보다 친근한 형식을 빌어서, 자신이 성장하고 살아온 과정을 털어놓아 인간적인 면모까지 엿볼 수 있다. 문재인 정부와 이재명 민주당 대표에 대한 평가는 물론 조국사건, 검수완박, 민주당 돈봉투 사건, 김남국 의원 코인사태 등 민감한 사안에 대한 질문에도 답변을 피하지 않고 논리적이면서도 당당하게 자신의 생각을 밝혔다. 단순한 경제 전문가 출신 초선의원의 수준을 이미 넘어선 그의 진면모를 볼 수 있다.

이용우가 생각하는 국회의원은 국민을 위해 내가 만들고 싶은 세상을 바라보며, 그것을 위해 무엇을 할 것인가를 생각하는 사람이다. 앞으로 정치를 계속하고 싶은 이유에 대해 "공정한 시장을 통해서 새로운 도전을 많이 할 수 있는 역동적인 사회와 경제를 만들기 위해서"라고 답한다. 그런 세상이 하루라도 빨리 온다면 모든 국민이, 특히 우리 청년들이 지금보다 훨씬 행복해지지 않을까.

이남우

연세대학교 국제학대학원 객원교수, 전 메릴린치 한국대표

이용우 의원을 옆에서 보면 여의도 초선이 아닌 3선쯤 되어 보인다. 준비된 정치인이기 때문이다. 이 책은 이용우 의원이 만들고 싶어하는 세상을 보여 준다. 그는 진보 보수 같은 이분법이 아닌 생활 담론의 민생 정치로 대전환을 이끌며 지난 3년을 숨가쁘게 달려왔다. 이용우 의원이 디테일에 강하기에 이 책은 국민의 다양한 목소리가 반영된, 국민이 체감하는 다양한 정책과 제도가 친절히 예를 곁들어 설명되어 있다. 이 책을 읽으면 혁신이 가능한 공정한 시장 질서, 소액주주나 보통 시민이 차별당하지 않는 평평한 운동장을 항상 고민하는 이용우 의원을 이해할 수 있다.

Political Effect
시리즈를 준비하며.

세계 경제 밸류체인Value Chain 의 대변화가 일어나고 있다. 러시아-우크라이나 전쟁, 미. 중의 대립, 중국과 대만의 양안 관계 문제, 한미일 관계 문제 등으로 폐쇄적인 보호무역 성격이 계속 형성되고 있다. 이런 과정에서 원자재 가격을 포함한 모든 경제 운용체계 자체에 새로운 변화가 발생하고 있다. 이러한 위기 상황일수록 경제정책에 있어서 그 변화로 인해 흔들리는 쪽을 어떻게 막아줄 것인가가 제일 중요하다.

그다음에는 우리가 우위를 점하고 있는 반도체나 제조업 생산 분야를 어떻게 지키면서 활용할 것인지에 대한 경제 대책이 필요하다. 아무리 지금 중국하고 관계가 껄끄러워지고, 신냉전 시대라는 표현도 나오고 있어도 우리의 생존

을 위해서 어느 한쪽만을 택할 수는 없다. 우리가 국제외교
적으로 경제의 가치사슬에서 중요한 부분을 점유할 수 있도
록, 어떤 분야는 협력하고 어떤 분야는 포기하되, 때를 기다
리는 실사구시實事求是의 유연한 전략적 사고가 필요한 때이
다.

거대담론의 정치에서 생활담론의 정치로 진화

한국 정치는 이제 거대담론 중심의 '이념정치'에서 생활담론 중심의 '민생정치'로 대전환해야 한다. 국가공동체 실현을 위한 가치 명제를 도출하는 거대담론 정치와 이에 따라 발생하는 불평등 충격의 대상자인 사회적 약자를 위한 정책적 접근의 생활담론 정치가 있다. 대전환은 우리 삶의 과정 자체를 바꾸는 진화의 과정이다. 러시아-우크라이나 전쟁이 우리나라 자영업자의 식용유, 밀가루 가격, 가스비, 채솟값에 실질적으로 영향을 미치는 초연결사회의 세상이다. 구체적인 현장 중심의 실현 가능한 생활 정치가 필요하다. 시대전환과 같은 경제의 큰 흐름 속에서 서민과 취약계층을 위한 사회적 안전망을 어떻게 구축해야 이 사람들의 삶 자체가 깨지지 않도록 할 것인가. 그런 생활 중심의 구체적인 경제대책이 절실히 필요한 시기이다.

공정한 사회는 어떤 규칙이 누구에게나 다 동일하게 적용되는 사회다. 그러나 현실은 그렇지 않다. 우리 사회가 과정의 투명성이나 절차의 정당성은 굉장히 많이 확보되어 있다. 하지만, 기회가 평등하지 못하면, 과정이 아무리 공정하더라도 결과가 정의로울 수가 없다. 기회의 구체적인 공정성이 중요하다. 자본주의 시장 질서는 투명하고 누구나 다 예측할 수 있어야 한다. 그것이 바로 공정이다. 사람들은 누구나 욕망을 가지고 노력해서 성과를 냈을 때, 그 열매를 자신이 얻을 수 있도록 해야지만 혁신의 동기가 발생한다. 그러나 자본시장에서 정보의 비대칭성 때문에 항상 동학 개미들만 피해를 본다. 이 문제를 해결하는 중요한 원칙 중 하나가 공시의 원칙Disclose Rule 이다. A와 B가 거래를 하면 제삼자가 볼 수 있어야 한다. 제삼자가 보고 그 거래가 불공정하거나 자신의 권리를 침해했다는 것을 확인할 수 있게 해야 한다. 이 원칙을 공정거래법과 자본시장법에서 일관되게 가져가야 하고, 그 의무를 위반하는 사항에 대해서는 징벌적 손해배상의 큰 페널티를 부과해야 한다. 그렇게 공정을 담보한 상태에서만 자본주의의 혁신을 기대할 수 있다.

혁신은 과정에서 오는 것이지, 결과로 평가되는 게 아니다. AI가 되었든 어떤 산업이든 내가 위험성을 안고 참여해서 경쟁하다 보면 어떤 결과가 온다는 제도적 장치가 잘 마련되어 있으면 누구나 도전하고 새로운 걸 시도한다. 그 시도하는 과정에서 새로운 게 나타나고 혁신이 이루어진다. 단순히 인재를 양성해서 새로운 기술이 나오는 게 아니다. 혁신은 불필요한 프로세스 일부를 줄여주는 것이다. 열 단계를 거치는 것을 세 단계를 거치게 하면 그게 혁신이다. 불필요한 프로세스는 그대로 둔 채로 기계만 발전했다. 그러면 그건 혁신이라 보기 어렵다. 어떤 새로운 현상이 나타났을 때, 기존 제도의 틀 안에서 이건 무슨 제도에 반하기 때문에 그걸 하면 안 된다, 된다는 식으로 논의를 하기보다는 이 사안의 본질이 무엇인가? 어떤 사업의 정의를 어떻게 내릴 것인가? 그 정의에 부합하는 제도는 어떤 것일까? 이렇게 들어가야 한다. 지금의 이 상태로 사회가 앞으로 제대로 굴러갈 수 있을까? 지속 가능한 사회인가? 아니라고 생각이 된다면 그런 사회를 만들기 위해서는 무엇을 해야 할까? 비용이 발생한다면 그 비용은 누가 어떻게 부담하는 것이 맞을까? 이런 저항적 질문을 끊임없이 구체적으로 던져야 한다.

정권교체의 시간이 1년이 흘렀다. 정권교체 이유는 여러 가지가 있겠지만, 정치적으로는 촛불혁명의 과실을 어느 특정 정파가 독점하려 했던 것이 그 패착이었다. 촛불정신은 모두의 것이다. 특정 정치세력의 전유물이 아니다. 협치로 이어진 것이 아니다 보니, 상대방도 더 결집하고, 발목을 잡는 데 급급했다. 포용적으로 함께 갈 수 있는 방향을 제시하지 못했다. 포용이 아닌 분열의 시대를 조장했다. 촛불의 기본정신은 포용, 통합과 협치다. 다시 기본정신으로 돌아갈 엄중한 국가의 위기 시기이다.

이쌍규 씀.

인터뷰가 결정되어서 조사를 시작하기 전까지 내가 이용 우라는 정치인에 대해서 아는 정보는 딱 두 가지였다. **카카 오뱅크 대표 출신의 문재인 영입 인사로 정치에 입문하면서 수백억의 스톡옵션을 포기했다. 그리고 김남국 코인 사태 진상조사 위원회에 금융 전문가로 참여해서 '개딸'들에게 엄청나게 욕을 먹고 있다.** 그 외에는 그냥 무색무취해서 언론에 핵심으로 나올 일이 별로 없는 사람 정도로만 인식하고 있었다. 정치 고관여층이 아니고서는 나 정도도 아는 사람도 그리 많지 않을 것이다.

그에 대해 알기 위한 조사를 시작하며 그의 저서〈두 발로 선 경제〉를 사서 읽게 되었다. 책을 읽으며 충격을 받았다. 일단, 정치인이 쓴 책이라는 느낌이 전혀 들지 않았다. 경제학 교수가 쓰면 이렇게 쓰지 않을까? 전문적인 내용이 많이 나오다 보니 대중성과도 좀 거리가 있었다. 나는 관심 분야라 굉장히 재미있게 읽었지만, 국회의원이 이런 책을 썼다고 하면 누가 읽으려 할까 싶었다. MBC 〈손에 잡히는 경제〉 진행자인 이진우 기자가 추천사에서 쓴 말처럼 "국회의원 이용우가 아닌 자연인 이용우가 썼으면 더 좋을 뻔"했다.

사기꾼의 언어와 전문가의 언어는 다르다. 사기꾼은 결론을 쉽게 내린다. 그 때문에 언제나 확신에 차 있고, 모든 것에 대한 답이 있다. 화살을 쏜 자리에 과녁을 그리기 때문에 항상 옳을 수밖에 없는 것이다. 전문가는 섣부른 결론의 위험성을 인지하고 있기에 끊임없이 의심한다. 자신이 제안한 해결책의 불완전함을 누구보다 잘 인지하고 있기에 그것을 인정하는 데도 거리낌이 없다. 사람들은 이래서 사기꾼의 말을 듣고 전문가의 말을 듣지 않는다. 전문가의 말은 듣기 불편하고 사기꾼의 말은 귀에 쏙쏙 들어오기 때문이다. 사기꾼이 정치인으로 성공하고 전문가들이 정치인으로 성공하지 못하는 이유도 여기에 있다.

게다가 과거의 인터뷰를 찾아보니 능변가와는 거리가 멀었다. 아는 것이 너무 많아서 단시간에 그걸 다 전달하려고 하다 보니 말이 꼬이는 스타일이라는 느낌을 받았다. 이런 언어 구사 방식은 하루아침에 바꿀 수 있는 부분이 아니기에 이것은 인터뷰 과정과 편집과정에서 해결하는 방법밖에는 없다. 나에게 이용우라는 전문가 출신 정치인의 언어를 대중적으로 만들어야 하는 숙제가 생긴 것이다.

일단, 전문적인 내용은 조금 더 대중적으로 쉽게 설명할 수 있게 하고, 그동안 잘 알려지지 않았던 이용우라는 사람의 삶의 궤적과 생각 등을 담는 것으로 방향을 잡았다. 그러기 위해서 이용우 의원에게 자신이 살아온 과정과 그 속에서 자신이 형성하게 된 철학과 비전에 관해 설명할 수 있는 충분한 시간을 주고, 전문적인 영역에 있어서 배경지식 등이 필요한 부분은 따로 각주나 추가설명을 동원해서 채워 넣기로 했다. 디테일보다는 당위성과 사고과정을 더 보여주겠다는 생각에서다. 그러기 위해서는 내가 공부를 많이 해야 했다. 단기간에 전문가와 대화하고 그의 생각을 정리할 수 있는 수준이 되어야 했다. 어떻게 보면 품이 많이 들어가는 프로젝트인 것이다.

하지만, 이 정치인은 내가 공부를 많이 해서라도 실수 없이 잘 소개해주고 싶다는 생각이 들었다. 그의 책이나 인터뷰에서 진정성을 느꼈기 때문이다. **"대중이 알아주든 아니든 하나의 헌법기관으로서 자신이 가진 전문지식을 활용해 누군가는 해야 할 일을 해나가는 모습이 인상적"**이었기 때문이다. 게다가 **"대중을 기만하는 어휘를 구사하지도 않고, 자신의 소신에 따라 움직일 뿐"** 공천받겠다고 권력에 아부할 능력도 없어 보였다. 그럴 사람이었으면 수백억의 돈을 포기하지도 않았을 것이다. 언론에서 서로 비방하고 국민을 기만하는 정치인들만 계속해서 부각하는데, 이용우 같은 사람이 대중과 더 가까이 다가갈 수 있도록 할 수 있다면 적어도 내 개인적인 보람은 느낄 수 있겠다는 생각이 들었다.

더 나은 사회, 공정과 혁신의 두 발로 선 대한민국을 만들기 위한 그의 계획을 정리한 이 책이 많은 이들에게 전달되어 우리가 새로운 사회적 합의를 만들어 가는 데 작은 도움이 되기를 바란다.

정인성 씀

1부

두 발로 선 대한민국

인터뷰어 : 정인성

CHAPTER.01

정치인은 자신이 거주하고 있는 지역을 대표하는 사람입니다.

대표자이기 때문에 많은 사람의 이해관계를 듣고

서로 상충하는 관계를 조율하고,

국정에 반영시켜서 변화를 끌어내는 것이죠.

이것을 정치라고 생각합니다.

정치인이라고 하는 부분에 있어서 아주 중요한 부분은

'내가 만들고 싶은 세상이 어떤 세상일까?'라는 질문을 던지고,

'그런 세상을 만들기 위해 내가 지금 서 있는,

국회의원이란 자리에서 무엇을 할 수 있는가?' 라는

고민을 해야 합니다.

우리 사회가 지향해야 할 방향들, 그 방향을 위해

제가 한 숟가락이라도 보탬이 될 수 있도록 해서

변화를 끌어낼 수 있게 만드는 것.

그것이 정치라고 생각합니다.

내가 생각하는 정치 & 정치인

정인성 : 자기소개 먼저 부탁드립니다.

이용우 : 21대 국회의원 이용우입니다. 강원도 춘천에서 태어나 초등학교 1학년 때 부산으로 이사, 고등학교까지는 부산에서 나왔습니다. 그리고 대학에 들어오면서 서울로 이사했고, 그때부터 쭉 서울과 수도권에서 살았습니다.

서울대학교 경제학과를 학부, 석사, 박사 과정을 마쳤고요. 박사학위 논문을 쓰기 직전, 정치판에 한 번 있었습니다. 장재식 의원[1] 보좌관으로 91년에 근무를 한 적이 있었고요. 그 당시에 통합민주

---

1 **장재식 의원.** 민주당계 3선 국회의원이자, 제5대 산업자원부 장관을 지낸 정치인. 자식으로 2남 1녀를 두었는데 장남 장하준은 케임브리지 대학교 경제학과 교수, 차남 장하석도 역시 케임브리지 대학교 과학철학 교수다. 장하준 교수는 이용우 의원의 대학 동기다.

당 대통령 후보인 김대중 후보의 경제정책 부분에 관여했었고, 대통령 선거에서 진 이후에는 다시 학교로 돌아가 박사학위 논문을 썼습니다.

95년에 논문을 쓰고 현대경제연구원에 입사해서 현대그룹에 들어갔고요. 거기서 현대그룹뿐 아니라 현대그룹 종합기획실, 현대투자신탁운용 등 계열사들의 전략적인 부분을 담당했었습니다. 이후에는 퇴직해서 동원증권에서 한국투자증권 인수전을 담당해 인수를 완료시켰고요. 그다음에는 한국투자증권 그룹과 카카오, 국민은행 등의 회사들이 인터넷 전문은행인 카카오뱅크 설립을 준비하는 과정에 참여했습니다. 2015년에 참여해서 인가를 받고, 회사를 오픈하고, 흑자를 내는 것까지 완료한 후에 정치에 다시 입문하게 됐습니다.

21대 총선에서 고양시 일산서구, 고양시 정 선거구[2]에 출마해서 당선되어 오늘 이렇게 정치를 하고 있습니다. 국회에 와서는 주로 정무위원회에 소속되어서 금융, 공정거래, 국가보훈부, 총리실 관련 일들을 하고 있고요. 특위로는 연금 개혁특위 이

---

2   고양시 정. 일산1동, 일산3동, 주엽1동, 주엽2동, 탄현 1동, 탄현 2동, 대화동, 송포동, 덕이동, 가좌동이 속해있다.

런 것들을 같이 하고 있고, 대통령 선거 당시, 공정
시장위원회 공동위원장을 맡아서 어떻게 하면 시
장을 잘 이해하고, 공정한 시장경제 질서를 확립함
으로써 개별경제 주체들이 제대로 경쟁할 수 있고,
혁신할 수 있는 환경을 만들어줄 것인가의 문제에
대한 정책 입안에 주로 관여했습니다.

국회 활동 중에서는 주로 자본시장의 소액주주라든지, 이른바 갑을 관계에 있어서 약한 중소기업들의 권리를 어떻게 보완해줄 것인지, 대기업의 경제력 집중이나 남용의 문제를 어떻게 보완해야 할지에 대한 문제에 초점을 두고 활동하고 있는데요. 보통의 경우에는 대기업들에 문제가 있다고 하면 그걸 하지 말라는 식으로 접근하기 쉬운데, 저는 시장질서나 시장원리를 존중하기 때문에 오히려 가격 메커니즘[3]에 변화를 주어서 각각의 경제 주체가 공정한 환경에서 새로운 것을 만들어 나갈 수 있도록 해주는 부분, 그래서 주로 경제 규범과 질서, 제도를 어떻게 정리해야 하는지에 관한 부분에 중점을 두고 정치활동을 하고 있습니다.

정인성 : 정계에 처음 발을 들이신 것이 91년 통합민주당 시절이라고 하셨습니다. 그때의 정치 환경과 지금의 정치 환경을 비교하면 어떤 차이가 있다고 보시나요?

이용우 : 사실, 큰 차이는 없다고 느껴집니다. 91년 때도 대통령 선거에 있어서 경제정책 공약을 어떻게 할 거

---

3 **가격 메커니즘(Price Mechanism).** 가격에 의하여 상품의 수요와 공급이 조정되는 원리 및 상품 가격이 수요와 공급에 의해 결정되는 원리

냐는 문제에 중점을 두었고요. 그렇게 경제정책을 만들어 가는 과정에는 각각의 이해관계자들이 참여를 통해 이견을 조율해 하나의 정책으로 만들어 내는 것이 필요하거든요. 주체마다 플러스가 되는 것이 있고, 마이너스가 되는 것도 있으므로 갈등은 항상 있습니다. 그리고 그 문제는 그 시점에서 어떤 것이, 최고의 선택인지를 선택하는 과정이었기에 큰 틀에서는 그때나 지금이나 변화는 없습니다.

우리 사회는 꾕장히 복잡하므로 정책을 세울 때 그 이해관계의 내용에 대해서 폭넓고 정밀하게 이해하지 못하면, 수박 겉핥기식의 표면적인 것에 매몰될 가능성이 있습니다. 그러면 문제를 제대로 풀 수 없게 되고요. 이 말은 어떤 한 분야에 있어서 전문적인 식견을 나름대로 갖고 있어야만 정책적인 실수도 적게 할 수 있다는 말이 됩니다. 경제학은 기본적으로 선택의 문제를 다루는 학문입니다. 따라서 좋은 정치를 하기 위해서는 사람들의 경제적 이해관계를 정확히 이해하는 것이 요구됩니다. 그것은 바로 경제 현장입니다. 그 선택의 결과 이익을 보는 계층과 그렇지 않은 계층의 갈등이 생기는 것은 당연하고, 그것을 시장기능에 의해 조정하는 학문입니다. 저는 그 분야를 경제로 생각했기에 정치를 떠나 경제 현장에 몸을 담았던 거고요. 그래서 처음 정치를 참여했을 때와 돌아왔을 때 경제 현장의 경험과 그것의 이론적 배경을 연결할 수 있었기 때문에 적어도 전문성을 저 스스로 갖추게 되지 않았나. 그런 차이가 있다고 생각합니다.

그리고 차이가 하나 더 있다고 하면 2000년대 초반에 정치자금법 등에 여러 변화가 있어서 경제 정책을 수립하는 과정에서도 굉장히 투명해졌다는 것이 있죠. 그 당시에는 아직 투명하지 못한 부분이 정말 많았습니다. 93년에 금융실명제가 처음 실행되기 시작했고, 공직자 재산등록도 그즈음에 처음 시작되었습니다. 지금처럼 투명한 환경이 아니었죠. 요즘은 모든 것이 다 기록되고 모든 것이 다 알려질 수밖에 없는데, 과거에 비해 굉장히 투명한 정치를 해야 하는 과제가 있다고 보입니다.

정인성 : 정치를 하시는 분마다 정치인이 무엇을 하는 사람인지에 대한 정의가 다 다르시더라고요. 의원님은 정치인이 무엇을 하는 사람이라고 생각하십니까?

이용우 : 정치인은 첫 번째는 대표자이죠. 자신이 거주하고 있는 지역을 대표하는 사람인 것입니다. 대표자이기 때문에 그 많은 사람의 이해관계를 듣고 서로

상충하는 이해관계를 조율하고, 국정에 반영시켜서 변화를 끌어내는 것이죠. 이것을 정치라고 생각합니다. 정치인이라고 하는 부분에 있어서 아주 중요한 부분은 '내가 만들고 싶은 세상이 어떤 세상일까?'라는 질문을 던지고, 그런 세상을 만들기 위해서 내가 지금 서 있는, 예를 들면 국회의원과 같은 자리가 무엇을 할 수 있는가? 하는 질문을 던지는 것으로 생각합니다. 따라서 정치인이라고 하는 건 한마디로 규정할 수는 없고, 우리 사회가 지향해야 할 방향들, 그 방향을 위해서 제가 한 숟가락이라도 보탬이 될 수 있도록 해서 변화를 끌어낼수 있게 만드는 것. 그것이 정치라고 생각합니다.

정인성 : 그렇게 좋은 일을 하시는 분들을 국민은 왜 불신의 눈빛으로 본다고 생각하십니까?

이용우 : 제일 중요한 건 국민과 소통을 잘 못해서입니다. 두 번째로는 정치인이 국민을 탓할 건 아니지만, 국회라고 하는 곳은 원래 시끄러운 곳입니다. 원래 시끄럽고 싸우는 데가 국회입니다. 그런데 국민은 이렇게 시끄럽게 대립하는 것을 싫어합니다. 누구라도 자신의 이해관계에 걸린 문제를 순순히 양보할 수는 없습니다. 그래서 주고받는 과정이 필요한데요. 주고받는 과정에서 '이런 건 내가 양해할 수 있다. 대신에 이건 나에게 양보해 주었으면 좋겠다.' 이런 설득의 과정이 필요합니다. 그 과정이 혼란스럽고 소란스러운 것이 정치고요.

그리고 그 싸움의 과정에서 주고받기가 일어나 서로 양보하고, 서로를 적으로 여기지 않으면서 같이 공존하는 방향으로 정치가 이루어져야 하는데, 지금, 정치가 '올 오어 낫띵 All or Nothing'[4] 게임을 하는 것처럼 느껴집니다. 상대방을 무조건 이겨야 한다. 무조건 내가 저 사람보다 낫다. 이런 프레임에 걸려있다 보니 싸움이 잦아지고, 양보가 없어지고, 결과물이 나오지 않고 있으므로 국민은 좀 싸우지 말고 타협을 통해서 일을 하라고 요구하는 겁니다.

---

4   **올 오어 낫띵(All or Nothing).** 모 아니면 도. 혹은 승자독식을 의미한다.

그런데 반대로, '야, 당신이 주장하는 가치는 그건데, 왜 그중 일부를 양보하니? 네가 주장하는 가치를 그렇게 쉽게 포기하면 어떻게 하니?' 여기서 오는 갈등도 섞여 있다고 봅니다.

정인성 : '올 오어 낫띵' 게임이라고 말씀하셨는데, 이것은 구조적인 문제일까요? 아니면 사람들의 문제일까요?

이용우 : 구조적인 문제이기도 하고요. 사람의 문제이기도 합니다. 실제로 보면 우리나라의 대통령제라든지 이런 정치제도의 특성 자체가 '올 오어 낫띵'으로 설계되어 있습니다. 미국의 대통령제도 기본적으로 대통령이 모든 권한을 다 가져가는 '올 오어 낫띵' 게임입니다. 근데 제도가 그렇다고 하더라도 그 제도를 운용하면서 실제로 상대방에 대한 배려를 통해서 새로운 합의를 끌어내는 과정들이 필요했던 거거든요.

　미국 대통령제가 '올 오어 낫띵' 게임이라고는 했지만, 미국정치에서 가장 뛰어난 사람으로 링컨을 꼽지 않습니까? 링컨은 자신과 같이 선거에서 싸웠던 사람들도 정부 요직에 임명하면서 '당신의 이야기를 내가 충분히 들을 수 있고, 당신이 하고 싶은 것이 뭔지 안다. 근데 우리가 함께 살아갈 이 나라를 위해 당신의 능력을 여기에 좀 써주면 어떻겠냐?'고 설득해 나갔거든요. 그런 협의를 통해서 그 정치인의 장점을 끌어내는 과정을 거친 거죠. 이런 걸 보면, 제도에 문제가 있다고 할지라도 그 제도를 운용하는 사람이 어떻게 운영하느냐에 따라서 충분히 달라진다고 생각합니다.

정인성 : 정치제도의 문제와 사람의 문제를 동시에 말씀해주셨는데요. 어찌 되었든 이게 다 사람이 하는 일이다 보니 다른 사람들과 일을 같이 해야 하지 않겠습니까? 도덕적 흠결이 있으나 업무능력이 뛰어난 사람이 있고, 흠결은 없으나 능력이 떨어지는 사람이 있습니다. 의원님께서는 둘 중 어떤 스타일을 선호하시나요?

이용우 : 도덕적으로도 흠결 없고 능력이 좋다면 최선이겠죠. 하지만 그렇지 않다면 국민에게 물어봐야 합니다. 예를 들어, '이 사람이 이런 흠결이 있습니다. 그러나 이런 능력을 저는 잘 살려서 쓰고 싶습니다. 이 사람이 가진 도덕적인 문제는 어떻게 보완해 보겠습니다.' 대화가 이런 식으로 가야 하거든요. 예를 들어, 요즘 장관 임명이나 인사청문회를 할 때 과연 그런 대화가 이루어졌나요? '이건 문

제가 없는 건데 왜 흠잡으려고 하니?' 아니면 '아 당신도 옛날에 그랬는데 왜 지금 이걸 문제 삼아?' 그러거든요. 그런데 생각해 보면 우리나라에서 처음 청문회가 도입됐을 때 하고 지금과는 많이 달라졌어요. 아까 말씀드렸다시피 예전에는 금융실명제도 실시되지 않았고, 공직자 재산등록도 없었고, 이해 상충이라는 개념도 없지 않았습니까? 그때 차명이나 신탁이 얼마나 많았겠습니까? 하지만 요즘은 재산을 주기적으로 등록을 하다 보니 '아니 당신은 왜 그 시점에 그렇게 해서 재산이 늘었어요? 당신 업무와 관련성이 있는 게 아닙니까?' 이렇게 하면서 사회가 자꾸 검증하고 공신을 하게 되는 거거든요. 그런 과정이라고 생각합니다.

최근에 통과된 가상자산 등록에 관한 법률(공직자윤리법·국회법 개정안)[5] 같은 경우도 부족하다는

---

5 **공직자윤리법·국회법 개정안.** 암호 화폐(가상자산)를 공직자 재산등록 대상에 포함하는 내용을 골자로 하는 국회법 개정안 및 공직자윤리법 개정안을 말하며 일명 '김남국 방지법'으로도 불린다. 개정된 국회법이 시행되면 현역 의원은 본인과 배우자, 직계가족의 암호 화폐 소유 현황과 변동 내용을 국회 윤리심사자문위원회에 등록해야 하며, 이를 통해 전수 조사가 이뤄진다. 공직자윤리법도 개정돼 암호 화폐를 재산으로 등록하는 것은 물론이고, 주식처럼 거래 내용도 신고해야 한다. 부동산이나 주식, 예금 등과 달리 코인 보유와 거래 신고를 전적으로 본인의 '양심'에 의존해야 한다는 점과 처벌 규정도 정당한 사유 없이 등록을 거부하면 '1년 이하의 징역 또는 1,000만 원 이하의 벌금'에 처하도록 해 일반 재산등록 위반 시의 처벌 수위와 다를 게 없

의견이 많습니다. 빠져나갈 구멍이 있다는 거죠. 저도 인정합니다. 하지만 이렇게 일단 시작하고, 그 구멍을 조금씩 작아지게끔 제도를 보완해서 나가면 됩니다. 저는 제도에 있어서 우리가 일단 만들어서 시행해 보고, 부족한 부분을 채워나가는 과정을 거친다고 봅니다. 그런 과정에서 도덕적으로 흠결이 있는 사람들이 점점 더 걸러질 것이고요. 그래서 제도적인 보완이 이루어지는 과정에서 능력이 있는 누군가의 흠결이 발견된다면 그것을 국민에게 어떻게 설명하고 설득할 것인지에 대한 고민이 동시에 이루어져야 한다고 봅니다.

정인성 : 정치인에게 필요한 덕목으로 우리 사회가 나아가야 할 방향을 제시하는 것이라고 말씀하셨는데, 의원님께서 추구하는 가치나 나아가야 한다고 생각하는 사회적 방향은 어떤 것으로 생각하시나요?

이용우 : 우리 사회에서 지금 가장 문제가 되는 것 중 하나가 불평등일 겁니다. 근데 불평등을 어떻게 해소할 것이냐고 했을 때 여러 가지 방법이 있죠. 그런데 우리 사회는 자본주의 사회고, 자본주의 사회는 시

다는 비판이 있다.

장원리라고 하는 것이 가장 중요하게 작동됩니다. 그러면 그 불평등을 시장원리로 막을 방법이 있을까? 그것을 첫 번째 과제로 던져야 할 것이고, 두 번째로는 시장원리에서 해결이 안 되는 시장의 실패가 나왔을 때 그걸 어떻게 보완할 것인가? 이것이 두 번째 과제가 될 겁니다. 시장원리에 의해서 해결할 수 있음에도 불구하고 시장 외적인 힘으로 균형을 변경시키려고 하다 보면 시장 전체의 원리 자체가 흔들리는 경우가 종종 발생합니다. 그것이 정책의 부작용이기도 합니다. 그런 부작용을 최소화하는 것들이 필요하다고 생각합니다.

정인성 : 정치에 참여하는 수많은 방법이 있는데, 그중에서 국회의원을 택하신 이유는 뭔가요?

이용우 : 여러 방법이 있겠죠. 그런데 마침 기회가 왔고. 국회의원이 실제 국민의 대표로서 가장 다양한 일을 할 수 있는 사람이기 때문에 선택하게 되었습니다. 그러면서 이제 이런 국회의원도 있을 수 있다. 이렇게 일을 하는 방법도 있다는 걸 보여주고 싶었습니다.

정인성 : 혹시 롤 모델로 삼는 정치인이 있으신가요?

이용우 : 저는 우리나라의 경우에 김대중 대통령이 가장 뛰어난 대통령이라 생각합니다. 그분은 어려움도 많이 겪고, 정치적인 탄압도 받았지만, 그 어떤 보복도 하지 않았습니다. 그리고 항상 실사구시實事求是적인 태도를 보이셨습니다. 그분이 영국으로 가시기 전에 동교동에서 젊은 그룹들하고 식사를 같이한 적이 있었어요. 그때 김대중 대통령께서 하신 말씀이 기억납니다. **정치를 하려면 대중들보다 반 걸음만 앞서 나가라. 만약에 대중들한테 휩쓸려 가면 그건 옛날에 말한 대중 추수주의이고 포퓰리즘** Populism[6]**인데 그런 정치는 할 의미가 없는 것이다.**

---

6   **대중추수주의와 포퓰리즘.** 일반 대중을 동원하여 권력을 획득하고 지속적으로 유지하는 정치 시스템이자 대중의 인기에 영합하는 정치 형태로 '보통 사람들의 요구와 바람을 대변하는 정치사상 및 활동'으로도 정의 내려지기도 하고, 인기만을

그런데 한 걸음이나 앞서 나가면 낭떠러지에서 떨어져 죽을 것이다. 그러니까 아무리 큰 비전이 있어도 대중과 호흡을 같이 하면서 대중이 받아들일 수 있는 그러면서 비전에 다가갈 수 있도록 하나의 모멘텀Momentum 을 만들어내야 한다고 말씀하셨거든요.

김대중 대통령께서 취임하시고 난 다음에 IMF 극복과 같은 여러 가지 업적들이 있으시지만, 저는 가장 주목하는 것이 스크린 쿼터[7] 폐지에요. 그 당시에는 스크린 쿼터를 폐지하면 우리나라는 할리우드 영화에 다 먹힐 것이라고 결사반대하는 쪽

쫓는 정치행태로 정의 내려지기도 한다.

7 **스크린 쿼터(Screen Quota).** 스크린 쿼터제는 극장의 총상영 일수 중 일정 일수 이상을 자국 영화를 상영해야 하는 제도로 '국산 영화 의무 상영제'라고도 한다. 할리우드 영화 등 해외 영상물의 유입으로 인한 시장잠식으로부터 국내 영상산업을 보호, 육성하기 위해 1967년부터 시행되었다. 1966년 2차 영화법 개정으로 영화진흥법 제19조에 따라 '영화를 상영하는 공연장은 대통령령이 정하는 외국영화와의 상영 비율에 따라 국산 영화를 상영해야 한다'라는 골자의 스크린 쿼터제가 도입되었다. 스크린 쿼터제와 관련한 격렬한 논쟁은 1998년 한미투자협정(BIT) 과정에서 미국이 한국의 스크린 쿼터제를 축소할 것을 협정 체결의 조건으로 내걸면서 본격적으로 시작되었다. 1996년부터 2006년까지는 146일의 스크린 쿼터제를 적용했다가 2006년을 기점으로 현행 73일로 축소되었다.

과 경쟁을 위해서 폐지하는 것이 옳다고 하는 쪽이 첨예하게 대립하고 있었거든요. 그리고 일반적으로 민주당 계열의 사람들은 시장경쟁의 부작용을 자꾸 생각하기 때문에 스크린 쿼터 유지에 중점을 많이들 두었을 겁니다. 하지만 김대중 대통령께서는 스크린 쿼터를 폐지하는 대신, 영화계를 지원하는 다양한 프로그램들을 만드셨죠. 그런 프로그램들에 돈을 지원하면서 '지원은 하되 간섭하지 않는다'라는 원칙을 세우셨어요. 이게 우리나라 영화산업이 지금처럼 발전할 수 있는 계기가 되었죠. 그러니까 문을 열어야 한다, 닫아야 한다는 이분법적 사고가 아니라 문은 닫을 수도 있고 열 수도 있는데 열었을 때 생기는 문제는 뭐고, 그 문제를 보완하는 건 뭐고, 개인들은 거기서 경쟁해서 이기고 싶어 할 건데 그런 인센티브를 어떻게 만들 것인지가 같이 따라와 줘야 하거든요. 그런 부분에 있어서 깊이와 현실감각이 굉장히 뛰어난 분이셨습니다. 정치인들이 많이 인용하는 김대중 대통령의 어록 중 하나가 '서생의 문제의식과 상인의 현실감각을 가지라'고 하는 것도 거의 같은 맥락이라 생각합니다. 이분법적으로만 보지 말고 입체적으로 접근하라는 거죠.

예를 들어보겠습니다. 작년에도 문제가 되었는데 중고차 시장이 있잖아요. 중고차 시장에 중고차 매매 업소가 많이 있습니다. 그런데 몇 년 동안 문제가 되었던 게 현대자동차 계열에서 중고차 시장에 들어오는 걸 허용할 거냐 말 거냐. 허용하면 중소 자동차 거래 업체들 다 망한다. 안 된다. 이런 의견이 많죠. 그런데 현재도 벤츠나 몇몇 회사들은 들어와 있거든요. 그런데 또 소비자들 처지에서는 중고자동차의 매매가격이나 정보를 정확하게 알 수 없어서 불만이 있습니다. '이게 얼마짜리라고 하는데 진짜 이게 맞는 건가?' 그래서 큰 회사들이 들어와 가격을 투명하게 공개하고 메커니즘을 만들면 된다는 거죠. 결국에 이 문제를 '그래서 들어오게 해요, 말아요?'로 접근하는 거보다는 들어오게는 하되 어떤 장치들을 통해 어떤 시장을 형성할 것인가. 이런 식으로 접근했어요. 해서 작년에 합의를 봤던 거고, 이제 현대자동차나 기아자동차도 중고차 시장에 들어오기 시작합니다. 제도적으로 보면 수년 전부터 중고차 매매업은 중소기업 적합 업종이기 때문에 대기업이 들어오지 못한다는 위원회 고시가 있었거든요. 그걸 두 번이나 연장을 한 거였습니다. 하지만 그렇게 연장하는 동안 어떤 변화가 있었을까요? 소비자들의 만족도가 높아졌나요?

중고차 시장의 불공정한 관행은 없어졌을까요? 그렇지 않았거든요. 그러면 현대자동차나 기아자동차가 들어오게는 해주되 시장을 다 장악하지 못하도록 만드는 장치는 어떻게 마련할 것인가. 혁신이 가능한 공정한 시장질서는 어떻게 형성할 것인가. 이런 제도를 끊임없이 고민하고 만들어내는 게 정치라고 생각합니다.

두 발로 선 정당정치

정인성 : 의원님 소속 정당 소개를 좀 부탁드립니다.

이용우 : 저희 당은 더불어민주당이고, 1950년대부터 시작
한 정통 야당[8]의 전통을 가진 당이죠. 기본적으로
서민과 중산층, 사회적 약자에 상대적으로 관심이
더 많고, 사회적 불평등을 어떻게 해소할 것인지를
많이 다루는 정당입니다. '서민과 중산층을 위한
정당'이라고 되어 있는 우리 강령은 1997년 새정
치국민회의 때 만들어진 것인데요. 근데 현재 강령
의 핵심 내용은 시장경제 원리를 바탕으로 해서 사
회적 불평등, 경제적 불평등을 어떻게 최소화하고
통일로 나아갈 수 있는 길을 만들까 하는 것을 골
자로 합니다. 이 강령이 우리 당이 추구하는 가치

---

8   대한민국 민주당계 정당의 역사를 1955년 자유당 정권의 사사오입 개헌 때 범야권
의 결집으로 인해 시작되었다고 보는 시각이 있다.

와 정신이라고 볼 수 있고, 그것을 구현하는 것이 우리의 과제라 할 수 있겠습니다.

정인성 : 그러한 가치가 공유되는 범위 내에서 당내 토론은 잘 이루어지는 편인가요?

이용우 : 솔직하게 말씀드리면 당내 토론이 21대 들어와서는 그렇게 잘 된 편이라고 볼 수가 없습니다. 이건 우리 당의 지도부나 리더들이 가진 트라우마 Trauma 때문인데요. 그걸 열린우리당 트라우마, 이른바 백팔번뇌 트라우마라고 합니다. 노무현 대통령 탄핵소추 사건의 역풍으로 17대 총선에서 당선된 열린우리당 152명 의원 중 108명의 초선 의원들이 저마다의 목소리를 내다 분열하고 아무것도 달성하지 못한 채 18대 총선에서 참패했었거든요. 21대 선거에서 우리가 다시 절대다수의 의석을 차지하다 보니 이때를 떠올리며 분열이 되면 위험하다고 하는 트라우마가 하나 있었습니다.

또 하나는 코로나 사태가 터지면서 사람들이 만나 난상 토론할 수 있는 그런 상태가 되지 못했습니다. 그러다 보니 당내에서 다양한 목소리가 나오지 않고, 나올 기회도 제한된 상황이 오래 이어진 거죠. 그렇게 외부에서 보기에 당의 활력이 떨어지고 존재감이 없는 거대 야당이었지만, 최근 들어서야 코로나도 완화되고 다시 각자의 목소리를 찾아가는 과정에 있으므로 이제야 더 많은 목소리가 조율되지 않은 상태에서 나오기 시작했다고 생각합니다.

정인성 : 의원님께서는 더불어민주당의 2021년 재·보궐 선거 패배 이후에 **"한동안 지속되어온 기존 지형의 세력교체가 필요하고, 당의 구성원이 다양해져야 한다. 국민의 다양한 목소리를 반영하고 국민이 체감하는 정책과 제도를 만들어야 한다."**[9]라고 촉구하셨습니다. 그 이후로 변화가 있었다고 보십니까?

이용우 : 아직 그렇게 큰 변화가 있다고 생각하지는 않고요. 이제 그 변화를 시도하고 있다고 봅니다. 말씀드렸다시피 이제 조금씩 다양한 목소리들이 나오고 있고요.

　최근에 열린 정책 의총, 쇄신 의총에서 여론조사를 한 번 돌린 적이 있는데요. 예를 들어서 이런 겁

9　이용우, "민주당이 범한 3가지 오류, 진지한 혁신에 앞장서겠습니다," 〈오마이뉴스〉 2021년 4월 10일

니다. '민주당이 국민의힘보다 더 서민과 중산층을 보호한다고 생각하는가?' 이런 문구를 국회의원과 일반 당원, 국민 이렇게 동일하게 물어보는 겁니다. 의원들이 생각하는 더불어민주당, 당원들이 보는 더불어민주당, 국민이 보는 더불어민주당, 이 괴리가 얼마나 큰지를 보는 거죠. 그 괴리가 작을수록 자기 객관화가 잘된다는 것이고, 크면 자기 객관화가 안 된다는 거죠.

집권을 목표로 한다면 국민의 눈높이에 맞게 자기 객관화를 잘해야겠죠. 그리고 아까 말씀드린 것처럼 국민과 호흡을 같이하면서도 반걸음 앞서가야죠. 그런데 그 호흡이 떨어지니까 당연히 지지율도 떨어지고 선거에서 질 수밖에 없는 겁니다. 정치인이 나와서 어떤 이야기를 막 하는데 나하고 별로 상관도 없는 이야기를 계속 떠든다면 그 사람한테 표를 주겠어요? '맞아. 나 저게 진짜 필요한 것 같아' 했다면 국민은 호응할 것이고요. 그래서 정책적인 부분도 많이 바뀌어야 한다. 그러지 못하면 당이 무언가를 하려고 하면 할수록 국민과 더 멀어지는 현상이 벌어질 것으로 생각합니다.

정인성 : 당심과 민심의 괴리 현상은 비단 민주당만의 문제는 아닌 것 같고 양당이 비슷하게 경험하고 있는 것 같은데요. 그게 점점 심해지는 이유는 뭘까요? 흔히 말하는 적대적 공생관계[10] 속에서 발생하는 걸까요, 아니면 다른 이유가 있을까요?

---

10 **적대적 공생관계(Adversary Symbiosis).** 양극단의 대립 당사자들이 서로의 존재를 통해 세력을 강화하고 이득을 취하는 현상을 의미한다. 프리드리히 니체는 "적과 싸우기 위해 사는 자는 그 적을 살려둘 이해관계가 있다(Wer davon lebt, einen Feind zu bekämpfen, hat ein Interesse daran, daß er am Leben bleib)"는 말을 남겼는데, 적대적 공생관계의 의미에 대한 힌트를 제공했다고 풀이된다.

이용우 : 적대적 공생관계의 구조도 그렇고, 정치 문화의 문제도 있는 것 같습니다. 국회에서도 그렇고 요즘 유튜브를 포함한 언론환경도 그렇고요. 극단적인 대결 이야기를 했을 때 시청률도 높아지고, 책도 많이 팔리고, 인기도 높아지는 그런 상황이거든요. 이런 상황에서 어떤 해결책을 내서 상대와 절충도 하고 합의를 끌어내려고 하면 주목을 못 받을뿐더러 '너는 왜 그렇게 합의를 끌어내는 데 주력을 해?'라며 비난을 받을 수도 있어요. 또한, 좋은 성과를 내려고 하면 절대적인 시간이 필요한데, 표면적으로만 무언가를 보여주려고 혈안이 되어서 빠르게 일을 진행해 오히려 부작용만 커지는 것이 오늘날의 정치 문화인 것 같습니다. 그러면서 '내가 추구하는 가치와 비전은 이거고, 내가 앞으로 그것을 위해서 어떻게 할 것입니다'라고 하는 포지티브 메시지보다는 서로의 잘못을 찾아서 비난하는 네거티브 메시지를 통해 이기는 게임에 익숙해져 있는 것은 아닐까 하는 생각이 듭니다.

정인성 : 의원님께서는 어찌 되었든 하나의 헌법기관이시잖아요? 의원님의 소신이나 철학이 당론에 배치되거나 당의 철학이 민심과 배치되거나, 지역 주민들의 마음이 전국의 민심과 다를 수도 있고요. 그런 갈

등의 상황에 자주 봉착하실 텐데, 그럴 때는 어떻게 대처하는 편입니까?

이용우 : 저는 그럴 때, 가치관의 수준차나 선과 악, 근본적으로 지켜야 할 것과 아닌 것, 절대적으로 된다, 절대적으로 안 된다. 이런 식으로 생각하려 하지 않습니다. 안 되지만 어떤 보완책이 있을까? 그렇게 생각하려고 하고요. 그래서 상당히 논란이 있는 법안에 대해서 찬성표를 던질 때도 있고요. 어떤 경우에는 반대할 때도 있는데 그럴 때마다 왜 그런 선택을 했는지를 꼭 공개합니다. 그리고 논의가 좀 더 숙성돼야 한다고 판단될 때는 기권을 할 때도 있고요.

예를 들면 이렇습니다. 작년 예산안 같은 경우에 세수税收안에 대해서 제가 기권을 했었거든요. 근데 이게 여야가 합의가 된 안이에요. 솔직히 반대표를 던지고 싶었는데 여야 지도부가 합의한 내용이기 때문에 기권을 한 거예요. 왜냐하면, 올해 경제 상황을 봤을 때 에너지값이 많이 올라가고 재정을 써야 할 때가 굉장히 빨리 다가올 것이라고 봤거든요. 그러려면 세수를 함부로 줄여서는 안 된다고 봤습니다. 지금 당장 그 문제에 봉착해 있거든요. 올해 전기료가 올라가고, 가스값도 올라가다 보니

에너지 취약계층이나 서민들이 힘들어집니다. 지금 냉난방비가 지난해보다 한 40% 올라가 있어요. 근데 그 사람들한테 우크라이나 전쟁 때문에, 에너지 공급 불안 때문에 에너지값이 올라가는데 '어쩔 수 없으니까 그냥 사주세요' 할 수는 없는 일이지 않습니까? 그러려면 그 사람들한테 에너지 바우처[11]를 줘야겠죠? 에너지 바우처를 주려면 세출 예산을 올려야 되고, 그러면 세입도 해야 하지 않겠습니까? 이렇게 모순이 발생할 수밖에 없는 거예요.

그래서 작년에 그 예산안은 아귀가 안 맞고, 올해 아마 이른 시일 내에 추가 경정 예산을 수립해야 한다는 소리를 할 것이다. 그 주장을 했었습니다. 근데 경제부총리는 추가 경정[12]은 죽어도 안 한다고 하죠. 그러다 얼마 전에 운영위 할 때 경제수석한테서 다른 답이 나왔었거든요. 경기부양을 위한 추가 경정은 하지 않겠지만, 에너지값의 급격한 변동으로 인해 서민과 취약계층이 어려워지는 부분

---

11 **에너지 바우처.** 에너지 취약계층에 냉방에너지(전기) 및 난방에너지(전기, 도시가스, 지역난방, 등유, 연탄, LPG) 구매를 지원하는 제도이다.

12 **추가경정예산.** 용도가 정해진 국가의 예산이 이미 실행 단계에 들어간 뒤에 부득이하게 필요하고 불가결한 경비가 발생했을 때 정부가 예산을 추가 변경하여 국회에 제출하고 의결을 거쳐 집행하는 예산을 말한다.

에 대한 추가 경정은 생각해 볼 수 있다. 이렇게 기조가 바뀌는 거죠. 이럴 것이라는 게 충분히 예상된 상태였기 때문에, 그 예산안을 놓고 표결할 때 찬성은 도저히 할 수 없었던 겁니다. 그렇다고 여야가 합의해서 어렵사리 끌어온 예산안을 안 된다고 반대할 수도 없어서 기권했고, 그 경과를 페이스북에 썼죠.

이게 제가 갈등상황에서 대응하는 방식입니다.

한전채 발행 한도 확대 법안 부결

(2022. 12. 9.)

한전의 회사채 발행 한도를 기존 2배에서 5배로 확대하는 한전법 개정안이 8일 국회 본회의에서 부결되었습니다. 산자위에서 여야 합의로 상정된 것이기에 본회의 부결은 여야 모두에게 예상치 못한 충격을 주고 있습니다.

에너지 원료가격 급등에도 불구하고 전기료 인상을 결정하지 못해 올해에만 연간 30조 원의 적자 발생으로 사채 발행한도 2배의 기준이 되는 자기자본이 작년 말 46조 원에서 올해 말 16조 원으로 급감할 것으로 예상됩니다. 올해 말이면 채권발행 잔액이 이미 70조 원 수준에 이르러 대규모 증자가 없다면 채권발행을 통한 자금조달은 불가능해지므로 한도 확대가 시급한 상황입니다. 이에 국회는 어제 본회의를 열고 한전의 채권발행 한도를 최대 5배까지 늘리는 법안을 상정했지만 부결된 것입니다.

제가 기권표를 던진 것은 한전의 대규모 적자에 대해 정부 여당이 근본적인 해결책을 내놓지 않은 채 임시방편으로 너무나도 안이하게 접근하기 때문입니다. 올해에만 약 30조 원 규모로 발행된 한전채는 정부(산업은행) 소유인

최상위 신용등급으로서 채권시장의 블랙홀이 되고 있습니다.

금리급등으로 연 6%에 발행되는 한전채 발행이 지속될 경우 한전의 금융비용 급증으로 악화된 재무상태는 한전 정상화에 더 많은 비용을 요구하고, 결국 국민에게 부담이 가중될 것입니다. 더구나, 정부 지원으로 유지되고 있는 채권시장의 유동성 고갈이 내년 초 악화할 것으로 예상되는데, 채권 한도 확대에만 기대고 있어 해법이 필요한 상황입니다.

한전에 대한 근본적 해법은 전기료 인상과 자기자본 확충입니다. 탈원전 정책이나 전기료 인상 책임에 대한 정치적 공방을 그만두고, 한전 적자의 원인을 솔직하고 투명하게 분석, 공개하고 적정한 전기료 인상 수준에 대한 국민적 합의를 얻어내야 합니다. 다만, 전기료를 급격하게 인상할 경우 취약계층의 부담이 가중될 수 있어서 이들에게 에너지 바우처를 지급하는 방법을 수립해야 합니다.

정부의 재정부담이 필요한 부분입니다. 이러한 상황에서 정부의 감세정책은 재고해야 합니다. 감세를 할 수도 있지만, 지금은 적합한 시기가 아닙니다.

곳곳에서 채권발행 수요가 급증하고 있으며, 대외 경상 적자에 따른 원화 약세로 그나마 수요를 받쳐주던 외국인 채권투자까지 사라질 경우 영국에서와 같은 국채 시장 발작이 없으리라는 보장이 없습니다.이런 배경 아래 정부 여당은 예산 및 부수 법안 통과를 위해 야당과 상황인식 공유와 협의가 필요함에도 불구하고, 한전법 개정안 통과를 위한 야당 협조를 구하지도 않았습니다. 더구나 여당 의원들이 대거 표결에 불참하고, 일부 여당 의원은 반대 또는 기권을 선택하기도 했습니다.

이러한 고민 끝에 기권을 선택하게 되었습니다. 한전 적자를 해결하기 위해 보다 근본적인 대책 마련을 촉구합니다.

정인성 : 그렇다면 당이 어떤 것을 개선하면 더 나아질 수 있다고 생각하시나요?

이용우 : 굉장히 어려운데, 인적구성의 다양성을 확보하는 게 중요하다고 봅니다. 민주당 정치인들을 보면 학생운동을 했거나, 시민운동을 했거나, 인권변호사를 했거나, 참여연대 출신이거나 하는 등, 인적구성이 다소 치우쳤다고 생각해요. 그런 면에서 보면 저 같은 경우가 특이한 거죠. 제가 민주당을 입당한다고 하니까 많은 사람이 '저 경력에 왜 민주당에 가지? 색깔이 저쪽이 더 맞지 않나?' 이런 말씀을 많이 해주셨습니다. 제 가치관보다는 출신을 본 거죠. 우리 사회에는 기업인들도 있고, 다양한 사람들이 존재하잖아요. 그런 다양한 사람들이 참여할 수 있는 정당으로 변신해야 합니다.

제가 현대그룹에 근무할 때의 이야기를 하나 해드리겠습니다. 외부에서 봤을 때, 현대그룹의 임원은 이른바 총수 오너가 시키는 걸 그냥 다 하는 사람 정도로 생각합니다. 회사의 임원도 그렇고, 과장도 그렇고, 다 그렇게 보이거든요. 근데 안에서 부딪혀서 이야기하면 절대 그렇지 않아요. 오히려 회사의 성공에 중점을 두고 오너가 잘못할 때는 그걸 막아보려고 굉장히 노력하거든요. 시킨다고 다 하는 것도 아니고, 각 분야나 사업영역의 전문가들이 모여서 머리를 맞대고 논의를 해보는 거죠. 그리고 지시를 내린 사람에게도 '안 됩니다'라고 하는 것이 아니고 설득하는 과정을 거치죠. 하물며 수직적 구조로만 보이는 대기업도 이렇게 돌아갑니다.

상대 당을 대하는 태도도 마찬가지일 겁니다. '어차피 쟤네는 반대만 하는 사람들이니까 대화할 필요가 없어' 이렇게 생각하는 것이 아니라 그 이유가 뭔지를 먼저 파악해봐야죠. 내가 모르는 이유가 있을 수 있으니 그걸 들어보고 합당한지 아닌지 생각해 보고 그래도 정말 아닌 것 같아도 그쪽을 설득하는 과정이 필요한 겁니다. 여기서 중요한 것은 과정입니다.

투자사들을 예로 들어볼게요. 글로벌하게 운영되

는 좋은 투자회사들이 있지 않습니까? 어떤 회사에 투자를 결정할 때 절대 다수결로 하지 않습니다. 예를 들어서 이렇게 셋이 어떤 회사에 투자를 심사합니다. 근데 이게 나머지 사람들 마음에는 드는데 내 마음에는 안 드는 거예요. 그래서 내가 생각하는 문제점에 대해서 지적하고 비판을 합니다. 그러면 나머지 사람들이 더 알아보겠다고 하고 대안을 찾아오죠. '당신이 말한 부분은 이렇게, 이렇게 막아보면 되지 않을까? 이렇게 하면 당신이 걱정한 것이 좀 해결이 될까? 완벽하게 해결이 되지 않아도 그 정도면 급한 부분을 해결하고 가능성과 성장성이 더 좋아져서 손실을 최소화할 수 있을 것이다' 이런 식으로 설득하는 과정을 거치거든요.

정치에서도 그런 의사결정이 필요하다고 저는 생각해요. 단순히 다수가 원한다고 그쪽으로 가는 것이 아니고, 그걸 받아들이지 않는 사람한테도 가서 '이건 이런 의미고, 당신이 걱정하는 건 이런 부분일 것입니다. 그건 이렇게 해서 해결할 방법을 찾으면 되지 않겠습니까?' 이렇게 설득을 하는 거죠. 국회 법안소위 속기록들을 살펴보면 이런 내용들이 종종 등장합니다. 그런데 그런 과정에서 더 다양하고 많은 사람이 참여할 수 있도록 문을 열어주는 그런 정당이 되어야 한다고 봅니다.

정인성 : 어떤 분들은 우리 거대 양당의 당내 민주주의가 제대로 작동하지 않는 이유로 정치가 결국에 과점시장[13]이라서 그렇다고 지적하십니다. 제대로 된 경쟁이 없으니 혁신할 필요를 못 느끼는 것이라는 거죠. 의원님의 책에서도 나오지만 바이든 대통령이 빅테크 법안을 통과시키면서 "경쟁 없는 자본주의는 자본주의가 아니다. 착취다."라고 했는데 그걸 정치에도 적용할 수 있는 것이 아닌가. 결국, 우리의 구조적인 문제가 후진적인 정치 문화로 이어지는 것이다. 이런 지적에 대해서는 어떻게 생각하시나요?

이용우 : 제도적인 부분으로 소선거구제[14]냐 중대선거구제[15]

---

13   **과점시장.** 소수의 공급자만이 존재하는 시장. 공급자가 하나일 때는 독점시장이라 한다.

14   **소선거구제.** 하나의 선거구에서 1명의 후보를 뽑는 선거 제도. 소선거구제를 채택할 경우, 1등만 당선되는 다수대표제를 시행할 수밖에 없다.

15   **중선거구제.** 하나의 선거구에서 1명의 후보를 뽑는 소선거구제하고는 달리 광역선거구 단위로 행하며, 하나의 선거구에서 2명 이상의 당선자를 선출하는 대선거구제의 일종으로, 보통 특별시, 도, 광역시 단위로 시행하며, 한 선거구에서 2~5명을 선출하는 것을 중선거구제라고 한다. 2023년 현재 대한민국에서는 공직선거법 제26조 2항에 의거, 자치구·시·군의회 지역구 의원 선거에서만 한 선거구에서 2~4명

냐 이런 것도 굉장히 중요하고요. 저는 그래도 문화적인 부분이 제일 크다고 봅니다. 정치에 다양한 사람들이 들어올 수 있게 해야 하는 부분에 있어서 실패하고 있다는 거죠. 제가 이 시점에서 직접적인 이해관계가 얽혀있는 사람이기 때문에 무엇이 좋고 나쁜지를 이야기할 수는 없을 겁니다. 하지만 어떤 제도든 원칙은 딱 두 가지거든요. 우선, 국민의 의견이 비례적으로 반영되는 조건인가. 현재의 소선거구제의 경우에 있어서 정당의 지지율과 의석수의 괴리가 큰 편이죠. 그러면 그 큰 것을 보완하는 방법이 과연 무엇일까? 이런 부분을 생각했을 때 변화가 필요한 것이 당연해 보이고요.

두 번째로는 정당운영의 관행을 봐야 합니다. 당원과 지지자를 객체로 생각하는 정당운영의 행태의 문제가 큽니다. 어떤 당원의 지지자든 당원이든 누구나 사안마다 다른 견해를 보이는 것은 당연합니다. 어떤 사안에 있어서는 굉장히 보수적이고, 어떤 사안에 있어서는 굉장히 진보적일 수 있잖아요. 그러면 그 다양성을 큰 틀 안에서 인정하고, 존중하고 그 사람에게 역할을 부여해서 역량을 끌

을 선출하는 중선거구제 방식을 채택하고 있다.

어 올릴 수 있도록 해주는 것 또한 정당의 역할이에
요. 독일 같은 경우에는 어릴 때부터 정당에서 교
육을 통해 인재를 발굴하고 성장시키며 다양성을
포용합니다. 우리는 그런 일을 하고 있나요? 우리
양당의 가장 큰 문제는 이런 정당 교육과정이 제대
로 운영되고 있지 못하는 것에 있다고 생각합니다.
제가 더불어민주당 비상대책위원으로 활동할 때
주장했던 것 중 하나가 권리당원[16]으로 등록한 사
람이 대의원[17]이 되고자 한다면 얼마 이상의 교육

---

16 **권리당원.** 정기적으로 당비를 내는 당원을 뜻하며, 후원당원, 책임당원이라고도 불
린다. 전당대회에서의 임기직 대의원의 선출권을 가지는 등 일반당원보다 당원으
로서 더 많이 참여할 수 있는 권리를 갖는다.

17 **대의원.** 권리당원 중 전당대회 참가 자격이 있는 사람들을 정당의 대의원이라고 한
다. 대의원은 당연직 대의원과 임기직 대의원으로 나뉜다. 당연직 대의원이란, 정
당에 속해 있는 국회의원, 당 대표, 당 최고위원회, 중앙위원회를 구성하는 주요 당

교

을 받고, 자신이 속한 지역에서 어느 정도의 활동을 해왔을 것을 조건으로 포함하자는 것이었어요. 왜냐하면, 권리당원으로 있으면서 당의 강령이 뭔지, 지향하는 바가 무엇인지가 결국에는 의사결정 판단의 기준이 되는 거잖아요. 그런데 그것을 제대로 체화해서 실행에 옮기는 사람이 아니라면 대의원이 되어서는 안 되는 거죠. 이런 정당운영의 관행에 상당한 변화가 없으면서 당내 민주주의를 이야기할 수는 없는 겁니다. 솔직하게 말씀드리자면 선거제도를 수없이 바꾼다고 하더라도 관행이 바뀌지 않는다면 당내 민주주의가 바로 서는 일은 없을 겁니다.

그리고 소선거구제와 중대선거구제에 관한 논의를 진행하는 과정에서 정치인들이 놓치고 있는 것이 하나 있다고 생각합니다. 바로 예측 가능성입니다. 유권자의 관점에서 내가 표를 두세 표를 던졌는데, 이 표가 결과적으로 누구를 당선시키는 데 도움이 되는지 안 되는지 그 유용성과 효용성을 느껴야 하는데 우리 국민이 아직은 그런 경험이 없

직자 등을 의미하고, 선출직 대의원이란 당적에 1년 이상 등재되어 있으며, 연속으로 1~6개월 이상 당비를 내는 권리당원들이 그 지역 대표로 선출한 대의원이다.

어요. 유권자의 수용성도 같이 봐야 하는 거죠. 우리나라가 소선거구제를 87년부터 해서 거의 30년 40년을 해왔기 때문에 유권자들은 익숙해져 있어요. 지난번에도 선거가 임박해서 준연동형 비례대표제[18]를 들여서 혼란이 발생했잖아요. 그래서 이번에도 선거가 임박해서 급하게 논의를 거친 후에 적용할 것이 아니라 우리 유권자들이 본인의 표가 어떻게 행사되는지 충분히 이해할 수 있게 논의를 거친 후에 적용하는 것이 중요할 거로 생각합니다.

---

18 **준연동형 비례대표제.** 현행 준연동형 비례대표제는 독일과 뉴질랜드 등에서 채택하고 있는 연동형 비례대표제(Mixed-MemberProportional System)의 변형으로서 연동형 비례대표제를 통해 각 정당에 배분될 의석 중 50%만을 의석으로 전환하는 방식이다. 병립형 비례대표제에서 준연동형 비례대표제로 개정한 취지는 득표-의석 간 비례성과 정치적 대표성을 높여 민의가 제대로 반영되는 정치를 만들고, 거대 양당에 의한 정치 양극화의 해소와 다당제에 의한 협치를 제도화하기 위한 것이다. 그러나 제21대 총선 결과는 준연동형 비례대표제로의 개정 취지와 달리 높은 득표-의석 간 불비례성, 양당제의 강화 그리고 거대양당 중심의 정치 양극화가 심화로 나타났다. (김형철 2022. "늪에 빠진 한국 정치 구하기, 민주적 정치개혁은 가능한가?" 『황해문화』116: 93-112.)

공정을 위한 혁신, 혁신을 위한 공정

정인성 : 의원님께서는 공정한 사회는 어떤 사회라고 생각하
시나요?

이용우 : 공정한 사회라고 하는 것은 실제로 어떤 규칙이 누
구에게나 다 동등하게 적용되는 것으로 생각합니
다. 그런데 우리 같은 경우에 그렇게 되지 못하는
사례가 너무 많거든요. 그걸 제대로 만드는 데 필
요한 것이 공정이죠.

정인성 : 지난 문재인 정부가 출범할 때, "기회는 평등하고,
과정은 공정하며, 결과는 정의로울 것"이라고 한
게 잘 알려져 있잖아요. 그런데 임기 내에 우리가
그런 사회로 다가갔는가에 대해서 이견이 존재하
기 때문에 정권이 교체된 것도 있을 겁니다. 이 부
분에 대해서 어떤 의견을 갖고 계시는가요?

이용우 : 잘못한 부분이 많이 있었죠. 기회, 과정, 결과를 이야기하고 있는 거잖아요. 우리 사회가 과정의 투명성이나 절차의 정당성은 굉장히 많이 확보된 사회가 되었다고 생각합니다. 하지만, 기회가 평등하지 못하면 과정이 아무리 공정하더라도 결과가 정의로울 수가 없습니다. 그런데 우리는 기회를 평등하게 만드는 데 많이 부족했죠. 예를 들어서 재력이 있는 사람과 그렇지 않은 사람에게 주어지는 기회가 평등하지 않을 수 있잖아요. 그걸 해결하려면 법적인 문제들이 존재하기 때문에 단기간에 해결하기는 쉽지 않았던 거죠. 지금 제가 하는 일도 그 기회를 공정하게 만들기 위함입니다.

정인성 : 의원님 저서에서 정치가 이제는 거대담론 중심의 정치인 매크로 폴리틱스Marco-Politics 에서 생활정치 중심의 마이크로 폴리틱스Micro-Politics 로 전환해야 한다고 말씀하셨는데요. 그런 현장 중심의 실현이 가능한 정치를 어떻게 해나갈 수 있는지 설명 부탁드립니다.

이용우 : 제가 전기료 이야기를 해볼게요. 우리 지역에 오일장이 열리거든요. 거기에 가끔 가보면 전을 부쳐서 파는 집이 하나 있는데 장사가 잘되는 집이에요. 작년 11월경에도 갔을 때 거기 사장님께 장사가

요즘 어떠냐고 여쭤봤습니다. 죽겠다고 하더라고요. 근데 손님은 많아요. 근데 포장해주는 양이 줄었더라고요. 그래서 왜 이렇게 양이 줄었냐고 여쭤보니까 '아니, 식용웃값 올랐지, 밀가루 가격 올랐지, 가스비 올랐지, 채솟값 올랐지 다 올라서 나는 아무리 팔아도 남는 게 없어' 이렇게 말씀하시더라고요.

실제로 관념적으로 에너지 가격이 러시아-우크라이나 전쟁 때문에 굉장히 높아질 수밖에 없다는 것은 알았지만, 실제로 우리의 생활현장 즉, 시장에 영향을 미치게 되는 겁니다. 그러고 나서 거기서 조금 떨어진 곳에 있는 일산 사회복지관에 갔습니다. 시에서 종교단체에 위탁해서 운영하는 곳인데 거기 신부님께서 전기세가 작년의 두 배가 나왔다고 하는 거예요. 곧 겨울이 다가오는데 사회복지관은 어르신들 때문에라도 난방비를 더 쓰게 돼 있거든요. 근데 누진세 때문에 비용이 두 배가 들어가게 된 거죠. 이러면 사회복지관은 운영할 수가 없겠더라고요. 이런 건 실제로 고통받고 계신 분들과 대화하다 보면 알 수 있는 것들이잖아요. 그러면 어떻게 해야 하느냐? 중앙정부나 지방정부에서 이분들을 위해서 어느 정도 보조를 해주든지 해야겠죠. 그러면 예산문제가 발생합니다. 이런 접근이 제가 말씀드린 마이크로 폴리틱스라고 할 수 있고요.

매크로 폴리틱스의 예를 들자면, '에너지 대전환의 시대를 열겠다'라는 명제로 시작하는 거예요. 이재명 대표가 대선후보 시절 내건 공약이기도 하죠. 하지만 에너지 대전환이 일어나려면 가장 중요한 게 뭘까요? 에너지값을 올리는 거예요. 시장경제 원리로 봅시다. 국제적으로 우리나라는 에너지가 굉장히 저렴한 국가예요. 저렴하므로 발생하는 낭비가 엄청 많습니다.

그런데 최근에 에너지값이 좀 올라가니까 집마다 에너지 사용량을 줄이고 있죠. 에너지 대전환은 재생에너지 사용 비중을 높이는 것도 있지만 에너지의 절대적 사용량을 줄이는 사회로 나아가는 것도 있거든요. 그러려면 값을 높이는 것이 맞아요. 하지만 이렇게 되면 서민과 취약계층이 힘들어지잖아요. 그러면 이 사람들에게 가해지는 충격을 어떻게 적게 만들 것인지가 필요하거든요. 그래서 사회복지기관에 갔을 때 '전기 가격이 올라가는 것은 불가피합니다. 그러나 우리가 어떻게 도움을 드려서 고통을 줄여드릴 수 있을 것 같습니다.' 이렇게 설명해야 하는 겁니다.

 하지만 지금 보세요. 한쪽에서는 '경제가 어려운데 에너지 가격을 올리면 서민들은 어떻게 합니까?'라고 하고 다른 한쪽에서는 '에너지 가격을 올리지 않으면 한전 적자는 어떻게 할 겁니까?'라고 하면서 갈등에 봉착하는 거예요. 하지만 재생에너지의 관점에서 생각해도 에너지 가격은 높이는 것이 맞아요. 가격이 높아야 재생에너지도 투자수익률이 높아지고 거기에 대한 기술개발이나 투자가 발생할 수 있잖아요. 수익률이 낮으면 투자를 안 해버리겠죠. 그래서 에너지 대전환의 시대는 아주 큰 명제고, 정말 좋은 명제입니다. 하지만 작은 곳으로 세밀하게 들어가면 그렇지 않을 수 있는 거죠. 그래서 이런 큰 명제들은 우리의 삶의 태도와 패턴을 바꾸는 노력을 수반하는데 그걸 잘 설명할 필요가 있죠. 그게 안 되다 보니까 문제가 되는 거고요.

한 가지 예를 더 들어볼게요. 요즘에는 코스트코 같은 대형할인점들이 많이 있죠. 이용하면 굉장히 편하고 물건도 엄청나게 쌉니다. 혹시 집에 냉장고, 김치냉장고 몇 대씩 있으십니까?

정인성 : 각각 한 대씩 있습니다.

이용우 : 보통 냉장고 두 대 아니면, 김치냉장고랑 한 대씩 이렇게 있죠. 이렇게 냉장고 보급이 늘어나면서 벌크로 사서 냉장고에 집어넣게 되고 보관하는 음식의 양이 늘어날수록 에너지도 많이 사용하게 되죠. 옛날에는 어땠을까요? 옛날에는 구멍가게가 냉장고 역할을 해주었습니다. 그러다 보니 음식도 적게 사 갔어요. 우리가 계속 대형할인점들에서 벌크로 산 물건들로 냉장고를 채워나간다면 그것이 사회적으로는 어떤 영향을 미칠까요? 골목상권은 어떻게 되고, 환경은 어떻게 될까요?

저 같은 경우에는 생활 방식을 조금씩 바꾸어보고 있습니다. 지역 시장의 매장에서 음식을 조금만 사려고 하고요. 그래야 전기를 덜 쓸 테니까요. 결국, 에너지 대전환이라고 하는 것은 이런 식으로 생활 방식 자체를 그렇게 바꿔 가는 과정일 거예요. 그래서 이런 거대담론을 이야기할 때는 구체적으로 이게 내 생활에 어떻게 영향을 주고, 어떤 문제가 발생할 수 있는데 그 문제를 어떻게 해결하는 것이 좋을 것 같은지 등등을 설명하는 과정이 필요해요. 그래야 그것이 단순 구호에 그치지 않고, 피해를 보는 사람을 최소화할 수 있습니다.

정인성 : 의원님과 대화를 나누다 보니 이데올로기가 끼어들 틈이 없는 것 같아요. 진보, 보수 이런 식의 구분을 많이 합니다만 어떻게 보면 이것도 이분법적인 접근 방식이잖아요. 이데올로기가 현대 사회에서 이제 의미가 없어졌다고 생각하시진 않으시나요?

이용우 : 의미가 없진 않죠. 가장 기본적으로 사회를 바라보는 시각에 관한 문제잖아요. 예를 들어서 사람의 능력은 선천적으로 주어진 것인지, 사회적으로 학습된 것인지에 대한 견해에 따라서 진보와 보수가 나뉘지 않습니까? 진보 쪽에서는 학습된 것이다, 사회화된 것이다. 사회화된 것이기 때문에 그 사람이 태어난 그 부모의 조건에 따라서 달라질 수 있다는 식의 이야기를 한 거고요. 그렇지 않다. 선천적이다. 그리고 그가 습득한 것도 노력에 의한 거니까 인정을 해줘야 해. 이렇게 나뉘죠.

마이클 샌델Michael Sandel 교수가 능력주의에 관해서 이야기할 때도 나오지 않습니까? 내가 어떤 분야에 천재라고 불리며 돈을 많이 버는데 그것이 과연 그것이 혼자 노력해서 된 것인지. 아니면 시대나 사회적 운이 따라주어서인지. 만약 시대와 사회적 운이 따라준 것이라면, 그 결실을 혼자서 전유專有하는 것이 맞는지 아니면 나누는 것이 맞는지. 이런 것이 어떻게 보면 수정주의적 논리거든요. 경제도 마찬가지예요. 정답이 없죠. 어떤 측면이 전적으로 맞고 어떤 측면이 전적으로 틀렸다고 할 수없고요. 하지만 충분히 어떤 기준으로 삼아서 분석하는 도구로 의미가 있다고 충분히 의미가 있다고 생각합니다. 하지만 실제로 일을 하는 데는 실천적인 것들이 더 중요하죠.

정인성 : 의원님께서는 그런 패러다임 전환의 과정에서 발생할 수밖에 없는 저항에 대해서는 어떻게 해결해 나가야 한다고 생각하시나요?

이용우 : 저항은 항상 있을 수밖에 없다고 생각하고 그런 저항에 관한 대화를 계속 해나가려 합니다. 누구나 옛날부터 해오던 습관을 바꾸는 것은 힘든 겁니다. 그 힘든 걸 바꿔야 하는 이유를 설명해줘야죠. 기업들 같은 경우에는 바뀌지 않으면 생존하지 못할

것이라는 사실을 알려줘야 합니다. 최근에 제가 자본시장법 관련해서 법안들을 내면서 이런 기업들의 관례를 바꾸고 체질을 개선하려고 노력하고 있거든요. 옛날에는 그냥 무시하고 넘어갔던 행위들이 이제는 투자자들 관점에서 용납하기 힘든 일들이 되어가고 있어요. 이걸 징벌적으로 해서 '네가 나빠' 이렇게 하는 것이 아니고 제도적으로 따를 수밖에 없게 만드는 것이 중요해요.

이번에 통과된 법 중에 이런 게 있습니다. 라덕연 SG 주가조작 사건[19]에서 다우 키움증권 김익래 회장이 주식을 먼저 팔아서 막대한 수익을 냈잖아요. 그렇게 못 하게 하는 법안을 제가 작년 초에 이미 냈었습니다. 회사의 내부자가 주식을 팔려고 하면 사전에 공시하고 90일 이내에 팔 수 없다는 내용이었어요. 그리고 이걸 지킨 자는 면책한다는 내용도 담겼고요. 당시에 여기에 대한 반발이 많이 있었습니다. 하지만 최근에 이 사건이 터져서 이슈몰

---

19 **SG 주가조작 사건.** 2023년 4월 24일 월요일, 외국계 증권사인 SG 증권을 통해 대량 매도 물량이 집중돼 최근 주가가 급락한 8개 종목에 대해 주가조작 의혹이 제기되면서 금융당국과 검찰이 본격 조사에 착수한 사태다. 라덕연은 투자를 통한 주가 상승을 주도한 핵심 인물로 꼽히지만, 다우 키움증권 김익래 회장이 폭락 직전에 자신이 보유한 주식을 팔아버리는 바람에 라덕연 자신은 수십억 원의 손실을 보았다고 주장하고 있다.

이를 하니까 일사천리로 통과가 되더라고요.[20]

문제가 생기기 전까지는 항상 '그게 뭐가 문제야? 괜찮아, 괜찮아.'하죠. 사실은 문제라는 것을 금융당국도 그렇고 다 인지하고 있었습니다. 근데 기존 질서를 유지하고 싶어 하는 쪽에서는 알고도 부정하고 싶은 거죠. 여론도 뭔가 남의 일 같고 바뀌는 건 복잡하게 느껴지니까 별로 반응이 없다가 이렇게 폭탄처럼 터지고 나니 '아, 이건 아니구나'하고 깨닫는 거예요. 정치권에서 열심히 소통하고 대화하는 것도 중요하지만, 이렇게 국민이 직접경험을 통해 깨닫는 것도 필요하지 않나 생각이 듭니다.

정인성 : 의원님께서 정치를 시작하시면서 '아들에게 권할 직장이 없는 사회를 물려주고 싶지 않다'라고 하셨다는 것이 많이 알려져 있잖아요?

이용우 : 우리 애가 그거 되게 싫어하더라고요.

---

20 국회 정무위원회는 2023년 5월 16일, 이용우 의원이 2022년 4월에 발의한 내용을 골간으로 하는 자본시장과 금융투자업에 관한 법률(자본시장법) 개정안을 처리했다. 이는 '내부자 주식거래 사전공시제도' 혹은 '주식 먹튀 방지법'으로도 불린다. 통과 처리된 개정안에 따르면 주요 주주(10% 이상 보유)가 보유 주식을 3개월에 걸쳐 대량 매도(발행 주식의 1% 이상)를 할 때 금융위원회 산하 증권선물위원회와 한국거래소에 사전 공시하도록 하는 내용이다. 핵심 쟁점이었던 사전공시 시점은 '30일 이상 90일 이내로써 대통령령으로 정하는 기간'으로 정해졌다.

정인성 : 아, 그래요? 아무래도 의원님 검색하면 항상 나오는 얘기이기도 하고 하니까요. 그렇다면 의원님께서 그리는 사회는 어떤 사회인가요?

이용우 : 요즘 보면 많은 청년의 진로가 '공시족', '안정적인 직장' 이런 쪽으로 쏠림현상이 발생하고 있잖아요. 우리 때만 하더라도 의대 쏠림 현상이란 건 존재하지 않았거든요. 근데 이런 현상은 IMF 사태가 우리 사회에 남긴 영향입니다. 안정적인 직장이 아닌 상태일 경우 언제라도 일자리를 잃을 수 있다는 인식이 생겼고, 그 당시를 버틴 사람들은 의사나 변호사 같은 자격증을 가진 전문직들이었어요. 제가 증권가에서 일할 때도 보면 젊은 사람들이 증권 분야에서 직접 회사를 차려서 도전해보거나 노력에 비례해서 결과를 얻어가는 일보다는 거래소 같은 안정적이고 워라벨이 지켜지는 직장을 더 선호하더라고요.

하지만 이건 지금 사회가 그럴 수밖에 없게끔 유도한 것이 커요. 세대 차이라기보다는 시대 차이인 거죠. 왜냐하면, 지금은 어떤 도전을 하는 사람에게 그 성과를 인정해주지 않는 사회잖아요. 보상도 없는 일에 너무 신경 쓰고 인생을 바치고 해 봤자 자신만 피곤하게 되는 그런 사회에 우리가 만들어가고 있거든요. 우리 세대가 그렇게 만들었으니 우리 세대가 책임져줘야 하는 겁니다.

제도적으로 그걸 좀 바꿀 수 있는 부분들이 있어요. 예를 들어서, 젊은이가 스타트업 벤처를 한다고 할 때 투자를 받아서 성공하는 확률이 10%도 안 되거든요. 나머지는 깨지고 나서 신용불량자가 되기도 하고 바로 재기하기도 어려운 사회에 우리가 살아가고 있습니다. 그 사람들이 실패한 경험을 다시 딛고 일어나 재기할 수 있는 그런 구조를 만들어야만 사람들이 도전을 두려워하지 않을 수 있거든요. 그게 지금 안 되어 있으니까 다들 도전을 꺼리는 겁니다.

대기업 같은 경우도 기술 탈취, 아이디어 도용 같은 행위를 하는 것이 신문 기사로 많이 나오지 않습니까? 그러면 누가 어차피 뺏길 수도 있는 아이디어에 위험성을 다 떠안아 가면서 도전하겠습니까?

공무원을 하고 싶어 하는 것이 나쁜 것은 절대 아닙니다. 하지만 그렇다고 하고 싶은, 그리고 할 수 있는 도전을 포기하고 안정만을 택하는 사회가 좋은 사회라고 할 수 있을까요? 사회의 역동성이라는 게 필요하다면 사회의 인재들을 모두 공시족으로 만드는 사회도 잘못된 겁니다. 또, 중소기업에 취업하면 제대로 대우도 안 해주고 희망의 사다리가 끊긴 것 같으니까, 대기업에 쏠리는 거잖아요. 그러면 대기업에 가서도 기업들은 승계를 위해서 온갖 편법을 동원하기 때문에 거기에도 유리천장이 존재하는 거예요.

이 모든 것을 종합해보면 아들에게 권장하고 싶은 직장이 없는 거예요. 우리 사회의 뭔가가 작동을 멈춘 겁니다. 우리 사회가 좀 더 다양성이 존중되고 젊은 친구들의 창의적인 아이디어를 통해 혁신이 이루어지는 사회가 되기 위해서는 제도를 바꿔야죠. 그것은 입법과 행정의 영역이기 때문에, 정치로서 구현할 수 있는 부분이라 생각한 거죠.

정인성 : 말씀하신 걸 종합해보면 시장의 공정이 담보되지 않은 상태에서는 도전이나 혁신을 기대할 수 없다는 거죠?

이용우 : 안 하죠. 혁신이라고 하는 부분에 대해서 많은 분이 오해하는 부분이 있어요. 특히, 정치인들이나 정부도 좀 잘 못 하는 부분인데요. 요즘처럼 AI Artificial Intelligence, 인공지능 가 유행하면 'AI에 인력을 몇만 명을 양성하겠다.'라고 하는데 이런 말도 안 되고 무책임한 소리가 없거든요.

혁신은 과정에서 오는 것이지 결과로 평가되는 게 아닙니다. AI가 되었든 어떤 산업이든 내가 위험을 안고 참여해서 경쟁하다 보면 어떤 보상이 온다는 장치가 잘 마련되어 있으면 누구나 도전하고 새로운 걸 시도할 겁니다. 그 시도하는 과정에서 새로운 게 나타나고 혁신이 이루어지는 거예요. 단순히 인재를 양성해서 새로운 기술이 나오는 게 아니라는 이야기입니다.

그리고 혁신을 바라보는 시각을 바꿔야 해요. 혁신이 무엇이냐는 것에 대해서 다양하게 볼 수 있습니다만, 카드 결제를 예로 들어보겠습니다. 카드 결제의 프로세스를 보면, 일단 카드를 단말기에 넣어서 그 데이터를 VAN 사에 전송하면 그게 은행으로 갔다가 카드 전표에 있는 매장 주인에게 얼마로 할인해서 돈을 지급해주는 외상 결제 시스템이잖아요. 여러 프로세스가 있고 그 프로세스에 관여하는 사람이 있습니다. 여기서 혁신은 이러한 프로세스 일부를 줄여주는 겁니다. 열 단계를 거치는 것을 세 단계를 거치게 하면 그게 혁신인 거죠. 그 프로세스는 그대로 둔 채로 기계만 발전했다면 그건 혁신이라 보기 어렵죠.

과학적 접근에 대한 인식도 바꿔야 해요. 이건 특히 정책 만드는 사람들이 흔히 범하는 오류인데요. 예를 들어서 후쿠시마 오염수 관련해서도 계속 '과학적 검증을 완료했다'라고 하면서 반대하는 사람들을 '비과학적'이라고 공격하는 거예요. 그래서 상임위 때 제가 국무조정실 차장한테 한번 물어봤습니다. '당신이 보기에 과학적이라는 건 뭐냐?'고요. 그랬더니 과학 전문가가 평가하는 것이 과학적인 것 아니냐는 거예요. 이건 잘못된 사고예요.

자연과학이든 사회과학이든 과학적이라고 이야기하려면 같은 실험조건에서 같은 데이터를 써서 프로그램을 돌리면 같은 결과가 나와야 합니다. 그러면 사용된 데이터가 무엇인지 공개하는 것이 중요하죠. 우리가 지금 과학적이라고 정부에서 발표하는 데이터가 다 공개가 되고 있나요? 안 하잖아요.

이번 오염수 사태의 경우에 대입을 해보면, IAEA International Atomic Energy Agency. 국제원자력기구 에서 어떤 항목을 검증한 것이고 어떤 조건에서 어떤 데이터를 썼는지 명확하게 해라. 그렇게 공개된 데이터를 기반으로 그걸 전문가가 아닌 제3자가 똑같이 테스트하더라도 같은 결과가 나오면 그게 과학적으로 검증되는 겁니다. 그런 데이터를 공유하지 않은 채 안 믿어주면 괴담이라고 하니 이것이 과학이 아닌 정치의 영역으로 끌고 들어가는 거고요.

다른 정부 정책들도 마찬가지예요. 경제정책 같은 경우를 보면 정부가 항상 보도자료를 내요. 아래아 한글로. 그러면 거기에 통계표가 붙어있습니다. 저는 그 통계표의 원 데이터를 엑셀로 내놓으라는 거예요. 자기들이 보여주고 싶은 수치만 파워포인트로 만들어서 보여주지 말고. 그래야 그것이 검증되고 논의가 진전되는 과학적 국정운영이 가능하지 않겠습니까?

여기서 가장 중요한 건 투명한 정보공개와 누구나 들여다볼 수 있게 접근권을 보장해주는 환경을 만들어 주는 것입니다. 그러면 괴담이니 뭐니 하는 쓸데없는 논란이 줄고 사회적 합의를 이루어내는 사회적 혁신이 이루어지는 과정을 밟아갈 수 있을 거로 생각하고 있습니다.

정인성 : 오픈소스?

이용우 : **오픈소스도** 그렇고 **API** Application Programing Interface. 운영체제와 응용프로그램 사이의 통신에 사용되는 언어

나 메시지 형식 를 했을 때도 그렇고. 어떤 데이터든 누구나 읽을 수 있게 해줘야지만 테스트를 해볼 거 아니겠습니까?

모두를 위한 다른 생각

정인성 : 사회가 변화하면서 일자리의 개념도 많이 변화하고 있잖아요. 옛날처럼 평생직장의 개념도 사라지고 있고요. 의정활동을 하시면서 고용보험의 개념을 바꿔야 한다고 말씀하셨는데, 이것도 일자리를 바라보는 관점의 변화와 관련이 있는 거겠죠?

이용우 : 관점의 변화죠. 사실, 고용보험이라고 하는 것은 사용자와 노동자가 일정 정도의 보험금을 내면 실직 상태가 되었을 때 그걸 통해서 보완해주도록 디자인이 되어 있는 거잖아요. 그런데 플랫폼 노동자나 자기가 자기를 고용하는 자영업자의 경우에는 그렇지 못하죠. 본인이 본인을 고용하면 사용자 몫과 노동자 몫, 두 개를 다 내는 이중 부담을 느끼기도 하고요.

그래서 저는 고용보험이라는 단어보다 실업보험이

라는 개념으로 제도를 새롭게 디자인해야 한다고 생각합니다. 그 사람이 어느 시점에 실업자가 되었으면 실업보험으로 얼마를 보전 받는 거죠. 우리가 고용보험을 처음 도입할 때는 공장이 있거나 어떤 사업체가 있고 거기에 대부분 사람이 고용되어서 일한다는 걸 전제로 한 거잖아요. 하지만 지금은 그런 상황이 아니죠.

플랫폼 노동자들이 대표적인데요. 배달 플랫폼을 통해서 일하는 사람은 자영업자인가요, 노동자인가요? 따져보면 두 가지 속성이 다 있는 거잖아요. 그런데 이분들도 노동하고 있고, 그에 대한 세금을 내고 있고요. 그러면 그런 분들도 어느 정도 보험금을 낼 수 있도록 해놓고, 실업 상태가 되었을 때 어느 정도는 보호받을 수 있게 해주는 게 맞는 거죠.

하지만 그 보호의 정도가 과하면 일을 안 하려고 하는 부분이 있을 거고, 정도가 너무 작으면 있으나 마나 한 제도에 행정력을 동원하는 것이 될 겁니다. 거기에 대한 합의점을 찾아가는 것이 중요하고요. 이제는 일자리의 패러다임이 바뀌었다. 이제는 평생직장이 아니라, 평생 직업이 생기고 있다는 것을 인정하고 직종이나 직업에 따라서 지불하고 보호받는 범주를 어느 정도로 해야 하는지 사회적 합의가 필요한 거죠.

정인성 : 논의에 상당한 시간이 필요하긴 하겠네요.

이용우 : 오래가더라도 그 문제를 이야기하지 않고, 기존의 틀로 해결하려고 하면 답이 안 나옵니다. 타다를 예로 들어볼게요. 제가 정치를 시작하니까 타다 규제에 대해서 질문을 많이 받았는데요. 대부분 이걸 규제해야 하는가, 말아야 하는가를 중심의 질문이죠. 하지만 저는 그 질문 자체가 잘못된 질문이라고 생각했습니다.

'타다'라고 하는 걸 가만히 생각해 보면, 일단 '타다'가 어떤 사업인지를 먼저 살펴봐야 합니다. '타다'는 사업 구분상 운전자 알선형 렌터카 사업입니다. 운전자 알선형 렌터카 사업이 택시업과 같은 업인가요? 아니죠. 그러면 운전자 알선형 렌터카 사업이라고 하는 영역이 있다면 거기에 맞는 규제를 해주면 됩니다. 운전자 알선형 렌터카 사업에 택시의 규제를 갖다 대면 안 되는 거죠. 그러면 택시업을 하는 사람들은 어떻게 할 것인가에 관해서 이야기할 때, 택시업을 하는 사람도 어떤, 어떤 조건을 만족시키면 라이센스를 주는 방향으로 논의를 진행해보는 거죠. 그런데 그걸 택시업의 관점에서만 생각하니까 택시 운전사들 다 망한다는 식으로 접근하다 보니 갈등만 생긴 거죠.[21]

어떤 새로운 현상이 나타났을 때, 기존 제도의 틀 안에서 이건 무슨 제도에 반하기 때문에 그걸 하면 안 된다, 된다는 식으로 논의하기보다는 이 사안의 본질이 무엇인가. 어떤 사업의 정의를 어떻게 내릴 것인가. 그 정의에 부합하는 제도는 어떤 것일까. 이렇게 들어가야 하거든요.

---

21 '타다'는 2020년도 3월 6일, 박홍근 의원이 발의한 '여객자동차 운수사업법 개정안'(일명 타다금지법)이 통과되면서 기존의 서비스들을 중단했다. 타다금지법은 2023년 6월 1일 대법원이 쏘카와 타다 두 법인과 그 대표들에 대한 여객자동차 운수사업법 위반 혐의에 대해 무죄판결을 확정하면서 시대착오적으로 혁신을 가로막으면서 쓸데없는 사회갈등만 유발한 법안이라는 비판을 받고 있다.

예를 들어서 에어비앤비Airbnb 도 비슷합니다. 우리가 호텔 같은 숙박업을 영위하기 위해서는 면적이 어떻게 돼야 하고, 소방시설은 어떻게 갖춰야 하고, 위생 상태는 어떻게 되고, 이런 게 다 정해져 있습니다. 에어비앤비는 그런 게 없죠. 그걸 안 지키는 만큼 비용이 줄어드는 거죠. 그런데 에어비앤비를 허용해준다고 할 때, 펜션과 같은 기존의 숙박업을 영위하면서 숙박업의 기준을 지키지 않도록 해주는 것이 맞는 것인가? 이런 본질적인 부분들을 명확하게 해주어야 규제도 거기에 걸맞게 만들어지고, 규제로 인한 차익이 발생하지 않죠.

정인성 : 이게 네거티브 규제[22]와 맞닿아 있는 것 같은데, 이게 창발의 시대에 맞는 방향이라는 것에 대해서는 동의하더라도 반대의 논리도 존재하잖아요. 예를 들어, 네거티브 규제방식이란 일단 시장 진입단계는 열어주되 문제가 발생하면 거기에 비례해서 책임을 물리는 방식이잖아요. 그러자면 몇 가지 부분이 걸리는데 일단 이런 방식이 행정의 관습을 바꾸어야 하는 거고, 행정 권력의 속성에 반한다는 부

---

22 **네거티브(Negative) 규제.** 법률이나 정책으로 금지된 것이 아니면 모두 허용하는 규제. 반의어인 포지티브(Positive) 규제는 법률과 정책에서 허용되는 것들을 나열하고 이외의 것들은 모두 허용하지 않는 규제를 의미한다.

분이 하나 있고요. 또, 소 잃고 외양간 고치기식의 조치로 이어지는 것이 아니냐는 부분도 있을 것 같아요.

이용우 : 행정 권력은 이런 걸 싫어하죠. 규제 인허가권이 자신들이 가진 권력의 원천이기 때문입니다. 하지만, 그렇게 권력을 쥔 사람들이 경제나 산업의 내용을 잘 모릅니다. 모르면서 규제한다는 것이 참 웃기거든요. 예를 들어, 우리 금융위 공무원 중에 주식거래나 선물거래, 파생상품을 거래해 본 사람은 없습니다. 이해 상충에 걸려서 할 수가 없어요. 그걸 못하는 사람이 법규를 만들고 규제를 적용한다고 하면 구멍이 생길 수밖에 없죠. 그러면 행정 권력이 일단 뒤로 빠져서 '이러 이런 것 외에는 다 허용해 줄 테니까 알아서 하시고, 잘못되면 당신이 책임지는 거야'라고 하는 거죠.

　'소 잃고 외양간 고치기'에 대해서도 말씀드릴게요. 행정 권력이 미리 정해준 기준을 따르면 과연 모든 사고가 예방될까요? 그렇지 않아요. 기준이 제공되면 공무원으로서는 기준을 제공했으니 면책되고, 기업으로서도 기준만 지키면 되니까 면책이 되어서 그 외에서 발생하는 모든 일들에 책임을 피하게끔 설계가 되어있는 거예요. 그 누구도 책임지지 않는 상태를 조장하는 규제방식인 겁니다. 그러다 사고가 발생하면 공무원들한테 왜 기준을 제대로 못 만들어서 이런 사태를 만들었냐고 하는데, 애초에 자신들이 모르는 영역의 규제를 만들었으니 사고가 예견된 거나 마찬가지인 거죠. 과연 금융위나 중소기업벤처부에서 핀테크에서 결제과정이 어떻게 이루어지는지 알 수 있을까요? 없잖아요. 그걸 실전에서 다루어본 적 없으면서 법률적인 용어로 써놓은 것을 백날 해석해봐야 끝이 없는 거예요.

그러면 우리가 네거티브 규제로 갈 수밖에 없는 상황에 와 있고, 두 번째로는 그걸 제어할 수 있는 사회적 장치가 필요한 거죠. 징벌적 손해배상[23]에 대한 논의도 여기서 출발해야 합니다. 누구나 세금을 낼 때 되도록 적게 내고 싶어 하는 것이 인지상정人之常情이잖아요. 하지만, 미국에서는 탈세하다가 잘못 걸리면, 징벌적 손해배상을 통해서 경제생활 자체를 할 수 없는 상태를 만들어 버립니다. 그래서 위험성이 너무 크다 보니 감히 탈세해야겠다

---

23 **징벌적 손해배상(Punitive Damages).** 가해자의 행위가 고의적·악의적·반사회적 의도로 불법행위를 한 경우 피해자에게 입증된 재산상 손해보다 훨씬 많은 금액의 배상을 하도록 한 제도.

는 생각조차 하기 힘들게 만드는 거죠. 주가조작도 마찬가지고요. 하지만, 우리의 경우는 어떤가요? '세금을 잘 내라, 주가조작 하지 마라'라고 했을 때 그만큼의 패널티가 있을까요? 잘 없어요.

제가 국회의원이 되고 처음 발의한 자본시장법 개정안은 이런 패널티 규정이 들어가 있습니다. 기존에는 주가조작으로 인해 얻은 추가적 수익 혹은 회피한 손실액을 추징할 수 있게 되어있습니다. 그런데 현재까지 한 번도 그걸 제대로 추징한 적이 없어요. 법원에서 그 금액을 정확하게 산정할 수 없다는 이유 때문입니다.

그래서 제가 발의한 법안에는 시세 조종에 사용된 금액은 전액을 추징하도록 했어요. 예를 들어서 형법에 보면 마약이나 도박을 한 경우에 그것으로 돈을 얼마를 벌었든 상관없이 거기에 사용된 돈을 통째로 걷어가잖아요. 주가조작도 마찬가지로 추가적인 수익이 얼마냐를 따질 필요도 없이 거기에 사용된 금액은 전액을 다 내놓도록 하는 거죠. 예컨대 삼성증권 계좌를 썼으면 거기에 드나든 돈을 전부 합쳐서 추징하는 겁니다. 백만 원이 들어가고 백만 원이 나갔으면 이백만 원을 추징하는 겁니다. 거래가 많이 이루어지고 금액도 크게 오갔다면 배보다 배꼽이 더 커질 테니 겁이 나겠죠? 결국, 경제적으로 유의미한 패널티로 작용할 수 있는 조항들이 필요한 거죠.

또 한 가지 필요한 장치는 소송제도의 변화입니다. 예를 들면, 우리나라에는 아직 없는 증거개시 절차, 디스커버리Discovery 제도[24]를 도입하는 겁니다. 지난번 정기국회 때 오기형 의원이 한동훈 장관에게 증거개시 절차 제도에 대해 질의를 했더니 의미가 있다고 생각하지만 몇 가지 단점이 있으므로 고려해보겠다는 답변을 얻었거든요. 증거개시 절차가 뭐냐 하면, SK하고 LG가 배터리 특허 관련해서 미국에서 소송전을 벌인 적이 있었습니다. 그때 SK가 LG한테 2조 원 상당을 물어주라는 것으로 합의가 이루어졌거든요. 그 정도의 막대한 배상이 이루어질 수 있었던 근거가 바로 디스커버리 제도 때문이었습니다.

민사소송에 있어서 법원에서 사건에 쓰일 증거를

24　**디스커버리(Discovery) 제도.** 영미법 소송법상의 제도로 재판이 개시되기 전에 당사자 서로가 가진 증거와 서류를 상호 공개를 통해 쟁점을 정리 명확히 하는 제도. 증거 개시절차, 사실 조사절차라고도 한다. 당사자가 사실적 정보를 충분히 보유·검토함으로써 쟁점을 명료화하고, 소송절차를 간소화시킬 수 있으며, 소송비용을 절감할 수 있다는 장점이 있다.

미리 다 제출하라고 명령합니다. 그러니까 쓸 무기를 다 공개해서 제출해야 하거든요. 만약 제출하지 않고 숨기거나 은폐하려고 하면 패소하게 됩니다. 이번 사례에서는 SK가 증거를 제대로 제출하지 않고 이메일을 덮으려고 했던 게 발견되었습니다. 그러므로 이것은 소송을 갈 필요도 없이 그 자리에서 패소가 나버린 상황이 된 거죠.

우리나라에서는 이런 제도가 없었기 때문에 자기한테 유리한 자료를 숨겼다가 나중에, 공판에 제출해버리는 것이 관행이 되어 시간이 오래 걸렸죠. 만일, 이게 우리나라에 적용되면 어떻게 될까요? 중소기업의 기술 탈취 문제가 발생했을 때, 그걸 훔쳐 가지 않았다고 방어하기 어려워지겠죠. 정보를 투명하게 공개해야 하므로. 이런 제도적인 기반들이 정비되어야 네거티브 규제의 실효성도 높아질 것입니다.

이렇게 네거티브 규제로의 전환은 너무나도 큰일이에요. 그래서 너무 부담된다면 몇몇 산업에만 한정해서 시도해보는 것도 방법입니다. 그 적용이 가장 시급한 분야는 정보의 비대칭성이 심할 수밖에 없는 산업들이에요.

대표적인 것이 금융업이겠죠. 금융서비스업자와 금융소비자가 소송하면 누가 이길까요? 금융회사에는 전문가들이 포진되어 있고 훨씬 더 많은 정보를 가지고 있어요. 그러면 입증책임을 전환[25]해서 금융회사가 잘못하지 않았다는 것을 스스로 증명하도록 하는 방법이 있죠.

의료분야도 마찬가지입니다. 그 유명한 故 신해철 씨 의료사고도 증명책임을 유족들이 지라고 하는 것은 한계가 있잖아요. 그래서 이런 제한된 사례에서 네거티브 규제와 관련된 부분을 도입해서 어떻게 작동하는지를 살펴보고, 테스트를 거쳐 문제점들을 보완해 나가면서 확대해나가는 것. 이런 방향으로 우리가 정책을 설계하고 적용해나가야 하지 않을까 생각합니다.

정인성 : 공정한 사회를 만들어나가는 방식에 대해서 '사회연대기금'을 제안하셨는데요. 구체적으로 그게 어

---

25 **입증책임 전환.** 우리나라의 소송제도에서는 소를 제기한 쪽(원고)이 피소된 쪽(피고)의 잘못을 입증해야 한다. 따라서 금융소비자가 금융회사에 소송을 제기하면 소비자가 금융회사의 잘못을 입증해야 하는 것이다. 비전문가인 금융소비자가 전문가가 포진한 금융회사의 잘못을 입증할 수 있을까? 이렇게 정보의 차이가 큰 예외적 상황에서 정보가 많은 피고가 본인의 잘못이 없음을 입증하게 하는 것을 입증책임 전환이라고 한다.

떤 것인지 설명 부탁드립니다.

이용우 : 제가 사회연대기금 법안을 냈을 때 들었던 생각은 이런 겁니다. 이번 코로나 사태도 그렇고, 개인의 잘못과 관계없는 사회적 재난이 닥쳤을 때 활용할 기금이 필요하다는 문제 인식이 있었거든요. 이걸 국민연금으로 해결할 수도 없는 것이기 때문에, 차라리 사회적 재난에 대비한 기금이 필요하다는 생각이 들었고요. 실제로 이걸 도입하려 시도한 집단도 있었습니다. 가령, 금융노조나 사무금융노조 같은 집단들이죠.

금융회사들 같은 경우에 정규직과 비정규직의 갈등이 아주 심하거든요. 금융회사의 입장에서 비정규직에 대해서도 어떤 지원책을 마련할 의사가 있었어요. 하지만 이걸 금전 지원의 방식으로 하게 되면 증여의 문제가 있어서 세금을 과도하게 맞아요. 그러면 아예 사회연대기금을 만들어서 출연하고 그 기금을 활용할 수 있게 해주는 방법도 있지 않겠느냐는 거죠.

이미 금융회사들이 낙전수입 같은 것이 생겨서 10년 동안 활용되지 않으면 서민금융에 그 돈을 출연해주거든요. 그래서 그 돈을 활용해서 금융 약자들을 돕는 데 쓰는 거죠. 그러면 이런 부분을 좀 확대해보자. 왜냐하면, 그런 쪽이 취약해지기 시작하면 연체율과 신용등급 하락의 문제가 발생하고 그러면 사회적 불안이 가중되잖아요. 이미 금융 취약계층의 문제가 심각해지는 상황에서 새로운 사회적 합의를 통해 뭐라도 시도해야 할 때가 되지 않았나.

물론 재원을 어떻게 마련할 것인가에 대한 합의 등의 과정이 필요하겠지만 논의부터 시작해보는 것이 중요할 것이고요. 제가 제안한 또 한 가지 장치가 '청년 기본자산'이라는 겁니다. 국민연금이 고갈되어서 청년세대들은 노후에도 문제가 발생한다고도 하는데요. 노후까지 갈 것도 없이 지금 당장 큰 문제는 18세나 20세 때 사회에 진출할 때 아무것도 손에 쥔 것이 없이 시작해야 한다는 겁니다.

그런데 그 나이에 경제활동을 하지 않고 대학이라도 가게 되면 빚으로 시작을 해야 하는 거예요. 성인이 되었지만, 자유로운 활동이 불가능한 거죠. 그래서 청년들이 학업 또는 창업을 하거나 집을 구하는데 활용할 수 있는 재원을 사회적으로 적립해 두고, 그걸 국민연금처럼 운영해 나가는 것도 방법이지 않을까 생각을 해봅니다. 대학 학비가 비싼 미국에서도 학자금 대출문제 해결을 위해서 정부가 나선 것처럼 우리도 청년들에게 빚의 족쇄를 채우지 않도록 사회가 어떤 노력을 할 수 있을까 고민을 해보자는 거죠.

제가 제안하는 내용이 정답이라는 것이 아닙니다. 지금의 이 상태로 사회가 앞으로 제대로 굴러갈 수 있을까? 지속 가능한 사회인가? 아니라고 생각이 된다면 그런 사회를 만들기 위해서는 무엇을 해야 할까? 비용이 발생한다면 그 비용은 누가 어떻게 부담하는 것이 맞을까? 이런 질문을 끊임없이 던져야 하는 시점이 왔어요. 그러한 논의가 올해부터 시작해서 향후 몇 년 동안 가장 중요한 화두가 될 거로 생각합니다.

사회연대기금법안(이용우 의원 등 60인)

제안이유

2008년 글로벌금융위기 이후 불평등 해소가 시대적 과제로 대두되었음. 그러나 최근 코로나19 사태 이후 영업제한 및 집합금지 등으로 인해 일자리가 감소하고 부의 불평등 현상이 오히려 악화하고 있어 이러한 현상이 지속한다면 계층 간 갈등 심화와 극심한 양극화로 공동체의 지속 가능성을 기대하기 어렵다는 지적이 제기되고 있음. 이에 정부와 민간이 공동으로 참여하는 사회연대기금을 설치하고 이를 통해 사회적 약자인 저소득층의 생계지원, 저신용자의 신용 회복지원 및 비정규직 근로자의 처우개선 등을 지원함으로써 공동체 정신의 바탕 위에 지속 가능한 성장을 촉진하기 위한 것임.

주요 내용

가. 정부는 공동체 정신 바탕 위에 지속 가능한 성장을 촉진하기 위하여 사회연대기금을 설치하도록 함(안 제3조).

나. 정부출연금, 다른 기금으로부터 출연금, 정부 외의

자가 출연 또는 기부하는 현금 또는 그 밖의 재산, 금
융권 미청구자산의 관리에 따른 수익금, 차입금 등으
로 기금을 조성함(안 제4조).

다. 기금은 저소득층의 생계지원, 서민금융생활 지원사업,
실직자의 생계지원 및 비정규직 근로자의 처우개선 등
을 위해 사용함(안 제6조)

라. '기금의 운용·관리에 관한 주요 정책, 기금운용 계획
안의 수립, 기금 성과보고서 및 기금 결산보고서 등의
사항을 심의하기 위하여 국무조정실에 사회연대기금
위원회를 설치하도록 함(안 제8조).

마. 국무조정실장이 소속 공무원 중에서 기금의 수입과 지
출에 관한 사무를 맡을 기금수입징수관, 기금재무관,
기금지출관 및 기금출납 공무원을 임명하도록 함(안
제9조).

바. 기금의 결산상 이익금이 생기면 전액 적립하도록 하
고, 기금의 결산상 손실금이 생기면 적립금으로 보전
하도록 함(안 제13조).

기로에 선 대한민국

정인성 : 〈두 발로 선 경제〉를 출간하셨을 때는 코로나가 한 창이었고, 이제는 포스트 코로나 시대가 왔다고 할 수 있는 때가 됐잖아요. 코로나 시대를 지난 지금 이 시점의 대한민국 경제 상황에서 가장 시급한 문 제는 뭐라고 생각하시나요?

이용우 : 국제 경제의 밸류체인Value Chain[26]에 변화가 일어나는 시점에 와있습니다. 러시아-우크라이나 전쟁, 중국하고 미국의 문제, 중국과 대만의 양안 관계 문제, 한미일 관계 문제 등등으로 보호무역 적인 성격이 계속 형성이 되는데요. 이런 과정에서 원자재 가격을 포함한 모든 경제 운용체계 자체에 변화가 발생하고 있는 상태입니다. 이럴 때일수록 경제 정책에 있어서 그 변화로 인해 흔들리는 쪽을 어떻게 막아줄 것인가가 제일 중요하고요.

그다음에는 우리가 우위를 점하고 있는 핵심 분야들. 가령, 반도체나 제조업 생산 분야를 어떻게 지키면서 활용할 것인지에 대한 대책이 필요하죠. 예를 들어 우리가 반도체 분야에 있어서 중국과 아예 거래를 안 할 수도 없는 노릇이고, 미국과만 거래할 수도 없는 거잖아요. 아무리 지금 중국하고 관계가 껄끄러워지고 新냉전 시대라는 표현도 나오고 있어도 우리의 생존을 위해서 한쪽만을 택할 수는 없어요. 삼성전자가 중국 시안西安 공장을 폐

---

26 **밸류체인(Value Chain)**. 가치사슬이라고도 한다. 기업이 재화나 서비스를 생산 · 유통하면서 고객들에게 가치를 제공하는 일련의 활동을 의미한다. 고객에게 최종재를 제공하기까지 부품, 기자재, 원료의 구매에서부터 조달, 제조, 운송, 유통 등 각 과정을 담당하는 공급업체들을 통칭하기도 한다.

쇄하고 나오는 것도 아주 긴 시간이 필요할 것이고, 미국에 공장을 짓는 것도 오래 걸릴 겁니다.[27]

그렇다고 중국이나 미국이 우리나라를 함부로 할 수 있는 상황도 아니거든요. 우리에게 그러한 레버리지가 되어주는 것이 우리의 지정학적 위치와 제조업 생산능력입니다. 우리 경제나 산업에 차질이 빚어지면 그들도 힘들어지는 상황이니까요. 국제 반도체 산업은 특히 더 그렇죠. 우리는 이걸 활용할 필요가 있어요. 우리가 정치. 외교적으로나 경제의 밸류체인에서 중요한 부분을 점유할 수 있도록 어떤 분야는 협력하고 어떤 분야는 포기하되 때를 기다리는 실사구시實事求是의 시각이 필요한 때입니다.

그리고 또 하나는 앞서 말했던 에너지 대전환과 같은 경제의 큰 흐름 속에서 서민과 취약계층을 위한 사회적 안전망을 어떻게 구축해야 이 사람들의

---

27 미국은 2022년 반도체 법(CHIPS Act of 2022)의 "가드레일" 조항에 따라 미국 정부의 투자보조금을 받은 기업은 향후 10년간 중국 등 "우려 대상 국가"에서 첨단 반도체 생산능력을 5% 이상 증설하거나 10만 달러(약 1억3,000만 원) 이상 거래를 할 수 없도록 하였다. 삼성과 SK의 경우엔 첨단 5% 설비 확장 제한 조항만 지키면 일단 10년간은 중국 공장을 운영할 수 있게 되었지만, 미국과 중국 간에 갈등의 수위가 계속 높아지면 어떻게 될지 모른다는 우려는 여전히 남아있다.

삶 자체가 깨지지 않도록 할 것인가. 그런 대책이
필요하다고 생각합니다.

정인성 : 우리가 통상무역으로 먹고사는 나라이기도 하고 지
정학적 위치 때문에 외교적 상황에 영향을 정말 많
이 받는 국가임에도 불구하고 선거 때는 이런 얘기
를 잘 안 하잖아요. 말씀하신 것처럼 외부의 요인
으로 취약계층부터 영향을 받을 수밖에 없는 구조
인데, 그와 관련한 이야기는 약간 관심 밖인 것 같
다는 느낌이 듭니다. 우리 국민이 외교문제에 대해
서도 좀 관심을 끌게 하는 방법이 뭐가 있을까요?

이용우 : 사실 다 복잡하게 연결이 되어있는 부분이기 때문
에 우리 국민이 다 알고는 있을 겁니다. 표현 자체
가 정확하게 나오지 않을 뿐이죠. 예를 들어서 지
금의 국면에서 우리가 일본하고 뭘 할 수 있을까?
미국하고 뭘 할 수 있을까? 고민은 되지만 답이 쉽
사리 나오지 않는다는 건 알고 있습니다. 그래서
오염수 문제가 있다고 해서 다른 분야도 다 하지
말아야 한다고 하는 것도 아니고, 중국과도 단교하
자고 하는 게 아니잖아요. 그런데 외교 문제에 대
한 여론조사에서 잘한다고 하는 여론과 잘못하고
있다고 하는 여론이 팽팽하게 나타난 이유는 큰 방
향에서 그렇게 할 수 있는데, 지금 저 얘기를 하는

게 맞는 것인가 하는 국민의 의구심이 교차하여서 나타나는 것으로 생각합니다.

그래서 저는 국민도 다 알고 있다고 생각해요. 많은 사람이 중국과 교역도 하고 있고 교류도 하고 있어요. 관광객 문제, 외국인 노동자 문제, 국제 정세로 인한 원자재 가격 인상 문제 등등 피부로 다 직접 겪으신 분들이 많아요. 그래서 이게 단순한 문제가 아니라는 것쯤은 다들 알고 계신 거죠. 오히려 정치 쪽에서 더 조심스럽게 다루어야 할 부분을 구호화 하는 경향이 있는데 이런 행위를 조심해야 한다고 생각합니다.

정인성 : 의원님께서는 임기가 1년이 안 남으셨는데, 남은 기간에는 무엇을 하고 싶으신지, 그리고 한 차례의 임기가 더 주어진다면 무엇을 하고 싶으신지 말씀 부탁드립니다.

이용우 : 저는 국제관계와 관련된 부분도 좀 더 신경을 쓸 계획이고요. 제가 작년부터 이슈화시키려고 하는 상법 개정안이 있습니다. 현행법에서는 이사가 법령과 정관의 규정에 따라 회사를 위하여 그 직무를 충실하게 수행하도록 하는 충실의무를 부과하고 있거든요. 근데 주주에 대한 이사의 충실의무는 명

시가 되어있지 않아요. 대법원이 판례로 충실의무에 주주에 대한 충실의무도 포함된다고 판례를 변경해주기를 기대했는데, 그러지 않았기 때문에 법안으로 낸 거죠. 상법은 경제법 중 헌법적인 성격이므로 반발도 있을 수가 있다 보니 굉장히 보수적인 태도로 접근을 했던 겁니다.

하지만 이에 대해서 한동훈 장관도 굉장히 획기적이라고 했고, 이제는 이걸 제도화할 수 있는 환경이 무르익었다고 여겨지기 때문에 2023년에는 이걸 상정해서 제대로 논의해볼 예정이고요. 이거 하나만 바꿔낼 수 있어도 우리나라 자본시장 전체를 규율하는 데 있어서 매우 중요한 기준을 마련해줄 것으로 생각합니다.

주주에 대한 충실의무가 들어가는 순간, 회사의 이사들이 대주주와 소액주주를 차별할 수 없게 되고 한국 상장기업의 주식 가치평가 수준이 외국 상장기업에 비해 낮게 형성되는 코리아 디스카운트Korea Discount 현상의 근본적인 해결책을 마련해줄 것입니다. 이렇게 공정한 경제 질서를 형성하는 작업을 계속해나갈 계획입니다.

• 이용우 의원 : 장관님, 그런데 우리 주식시장에서는 일반 주주들이 지배주주의 이익을 위한 회사의 결정으로 인해서 피해를 보는 경우가 많습니다. 이것이 윤석열 정부의 공정과 상식에 부합되는 겁니까?

• 법무부 장관 한동훈 : 주주들이 공정한 대우를 받아야 한다는 것은 꼭 윤석열 정부의 문제가 아니라 자유시장 경제를 운용하는 정상적인 나라에서 반드시 지켜 줘야 할 부분이라고 생각합니다.

• 이용우 의원 : 그렇지요. 그런데 이런 조항을 했을 때 처벌할 수 있는 법적 근거는 뭐가 있습니까?

• 법무부 장관 한동훈 : 저도 이런 종류의 사건을 많이 해봤는데요. 우리나라가 특히 2000년대 중반에 있었던 에버랜드 CB 사건 이후에는 주주 중심이 아니라 회사 중심으로 피해자를 봐야 하는 구성만 배임죄로 성공할 수 있는 구도가 되어 있습니다. 그렇지만 사실상 주주에 대한

책임이지만 그걸 법리 구성을 해서 회사를 피해자로 하는 식으로 치환해서 처벌 가능한 경우가 상당히 있고요. 그걸로 인해서 여러 가지 기소돼서 처벌된 사례도 많이 있는 것으로 알고 있습니다.

• 이용우 의원 : 형법과 상법에 규정이 되어 있지요. 그렇지요?

• 법무부 장관 한동훈 : 그렇습니다.

• 이용우 의원 : 그리고 특히 이사의 충실의무, 상법 제382조의 3이 그걸 이야기하고 있지요?

• 법무부 장관 한동훈 : 배임 규정이 꼭 거기에만 국한되는 건 아닙니다만 이사의 충실의무라든가 민법상의 위임 의무 같은 것이 근본적인, 가장 주된 법적 근거라고 볼 수는 있습니다.

• 이용우 의원 : 이사의 충실의무 잘 아실 텐데 '이사는 회사를 위해서 직무를 충실하게 수행해야 한다', 이 단어에 주주가 없습니다. 그렇지요?

• 법무부 장관 한동훈 : 미국 델라웨어라든가 이런 데에서 법제적으로 주주를 끼워서 중시하는 법제도 있고, 다만 우리나라 처음 시작 자체는 대륙법계이기 때문에 대륙법계에서는 이 부분이 없습니다. 다만 최근의 법제를 보면 그것 자체가 주주가 들어가 있지 않더라도 주주의 이익을 중시해야 한다는 방향으로 서로간의 접근이 이루어지는 것으로 알고 있습니다.

• 이용우 의원 : 그런데 이사는 주주에게는 선관주의의무나 충실의무가 없다는 2004년의 대법원 판례가 일관되게 유지되고 있고 장관님이 말씀하셨던 에버랜드 CB 사건에 대한 2009년 대법원 판례를 보면 주주에 대한 책임이 주어지지 않고 있지 않습니까? 맞습니까?

• 법무부 장관 한동훈 : 예.

• 이용우 의원 : 바로 이러한 판례로 인해서 소액주주가 피해를 보는 사실이 부득이 많이 발생하고 있습니다. 다음 화면을 한번 보시겠습니다. 최근에 많은 사건, 물적 분할, 인적 분할, 합병을 통해서 대주주가 자본거래를 통해서 이익을 보는 사례가 많습니다. 제 말을 한번 논리 구성을 해 보겠습니다. 장관님, 남의 물건을 훔치지 말라는 법이 있

지요?

• 법무부 장관 한동훈 : 예.

• 이용우 의원 : 그러면 법치국가에서 남의 물건을 훔치 말라는 법이 없다면 훔쳐도 처벌할 근거는 약하지요?

• 법무부 장관 한동훈 : 죄형법정주의이기 때문에 형사처 벌은 법에 정해져야 가능합니다.

• 이용우 의원 : 선관주의의무에 회사에 대한 선관주의의 무만 있다면, 만약에 주주의 물건을 손대지 말라는 조항이 있다면 그걸 근거로 해서 처벌을 할 수 있는 거지요?

• 법무부 장관 한동훈 : 다만 선관주의의무라는 것은 회사 법적 개념이기 때문에 배임 면에서는 조금 다르기는 합니 다만 제가 의원님이 발의하신 그 법의 취지를 충분히 이해 하고 있습니다.

• 이용우 의원 : 화면을 보시면 장관님도 익히 아시는 미 국 모범회사법 이사의 책임 기준이라든지 델라웨어법 말 씀하셨고……

• 법무부 장관 한동훈 : 그렇습니다.

• 이용우 의원 : 영국 회사법도 그렇게 하고 있습니다. 그리고 본 의원이 상법 개정안을 제출한 것도 알고 계시지요?

• 법무부 장관 한동훈 : 주주 비례 이익이라는 새로운 개념을 도입한, 사실은 좀 획기적인 법안을 제가 오기 전에 잘 봤습니다.

• 이용우 의원 : 이런 법안이 작년 3월에 발의가 되었고 이런 부분에서 적극적으로 상법 개정에 나서야지만 우리가 주주의 이익을 침해하는 것에 대해서 제대로 할 수 있고 소액주주를 보호할 수 있고 자본시장을 발전시킬 수 있다고 보는데 어떻게 생각하십니까?

• 법무부 장관 한동훈 : 저도 그 방향에는 공감하고요. 그래서 저희가 상법 특별위원회를 준비하고 진행하고 있는 것 중에서 물적 분할 과정에서 의원님이 말씀하신 그런 우려들이 많이 있었고 최근에 소액주주들의 불만이 많았던 부분이고 그게 수긍할 만한 부분이 있기에 물적 분할 등 기업 구조조정 시에 소액주주를 보호하는 방안에 대해서 저희도 어떤 개정안을 준비하고 있다는 말씀을 드립니다.

• 이용우 의원 : 물적 분할 뿐만 아니라 인적 분할, 합병 등 자본거래를 할 경우에도 잘 아시다시피 합병비율을 산정하는 과정이나 여러 가지가 있습니다. 그러려면 상법의 일반 규정에서 선언적인 규정이 들어와 있어야지만 다른 법률이나 다른 규정에서도 근거를 가지고 제대로 할 수 있는 거 아니겠습니까?

• 법무부 장관 한동훈 : 저도 의원님의 입법을 보고 이런 것도 있구나 했었는데, 그게 비례적으로 본다는 취지는 충분히 알겠는데 사실 그런 입법례가 있지는 않거든요. 그런데 어떤 의미에서 어떤 지향점을 가지고 하시는지 제가 충분히 이해합니다만 그것을 넣었을 때 다른 우리나라 체제, 우리나라가 기본적으로 보면 법인에 대해서 주주가 없이 1인 주주 회사에 대해서도 배임이나 횡령을 인정하는 체제잖아요, 되게 독특한 체제인데. 여러 가지 그런 상황에서 다른 제도라든가 그런 면에서 조화가 될 수 있는지를 법안의 심의 과정에서 잘 검토해야 할 것 같고요, 저도 그 취지를 충분히 이해하고 있기 때문에 심의 과정에서 건설적인 의견을 내겠습니다.

• 이용우 의원 : 동의하신다고 믿고, 적극적으로 법안 심의에서 법무부가 나서 주기를 기대 하겠습니다.

• 법무부 장관 한동훈 : 소액주주를 보호하겠다는 견해에 대해서는 의원님과 저의 생각이 같습니다. 다만 그걸 법리적으로 어떻게 할지에 대해서 저희도 건설적으로 준비해서 말씀을 올리고 거기에 대해서 토론할 수 있도록 하겠습니다.

2부

안녕하세요?
이용우입니다.

인터뷰어 : 이쌍규, 김지은

CHAPTER.02

저는 지역 주민들에게 어떤 사안이 있으면

솔직하게 말씀드리고

기본적으로 해나가야 할 일을 할 뿐입니다.

그것으로 평가받겠죠.

그건 자신 있습니다.

삐딱한 모범생

김지은 : 어린 시절부터 차근차근 얘기해보겠습니다. 의원님 태어나신 곳이 강원도 춘천이라고 알고 있는데, 초등학교, 중학교, 고등학교는 또 부산에서 나오셨어요. 이렇게 성장기는 다른 곳에서 하게 된 이유가 있으실까요?

이용우 : 아버님이 군인이셨어요. 그래서 춘천에서 태어났고, 초등학교 1학년 강원도 인제에서 한 1년 정도 다니다가, 아버지께서 베트남 파병 가시는 바람에 이모님께서 살고 계시고 외가가 있는 부산으로 내려간 거죠. 거기서 학교를 쭉 다니면서 고등학교까지 나오게 된 겁니다. 아버지께서는 베트남에서 돌아오신 후에 부산에서 근무하신 적도 있고 대구에서 근무하신 적도 있으시지만, 저는 부산에서 쭉 학교에 다닌 거죠.

이쌍규 : 아버님께서는 베트남에서 그래도 무사히 돌아오셨
군요.

이용우 : 그렇죠. 이제 돌아가신 지 2년 정도 되었는데, 무사
히 갔다 오셔서 국가유공자로도 인정받으시고 그
랬습니다.

김지은 : 아버님께서 군인이셨다고 말씀해주셨는데, 부모님
은 어떤 분들이셨고 가정 분위기는 어땠었는지 이
야기해주실 수 있으신가요?

이용우 : 2남 1녀 중 제가 장남으로 태어났고요. 어머니께서
굉장히 엄격하신 분이셨습니다. 그런데 제가 중3
때 돌아가셨어요. 어릴 때죠. 그리고 아버지는 후
에 재혼하셨습니다. 집안 분위기는 아버지께서 군
인이셔서 그런지 집에서 그렇게 말을 많이 하시거
나 그러진 않으셨어요. 형제들끼리야 뻔하죠. 항상
다투고, 좋았다가, 나빴다가... 지금은 다 서울 올

라와서 살고 있습니다.

이쌍규 : 중3 때 어머님께서 돌아가셨으면 그때 좀 갈등도 조금은 있었겠어요.

이용우 : 있긴 있었는데요. 빨리 공부해서 빨리 대학 가야겠다는 생각밖에 안 했어요.

이쌍규 : 부산을 떠나야 하겠다?

이용우 : 그냥 독립해야겠다는 생각인 거죠.

이쌍규 : 아버님께서 재혼하실 때, 내심 불만이나 반대하는 마음은 없으셨나요?

이용우 : 내심 조금은 있었지만, 그 부분에 대해서는 뭐 크게 없었어요.

김지은 : 그러면 의원님 어린 시절에, 스스로 어린 시절의 이용우를 가장 잘 표현하는 단어가 있다면 어떻게 표현하시겠어요?

이용우 : 성적 같은 걸 보면 모범생 축에 꼈는데, 항상 좀 삐딱했어요. 항상 무언가를 하려고 할 때 시키는 대로 하거나 알려준 대로 하는 적이 별로 없었습니다. 꼭 그렇게 해야 하냐는 생각을 하고, 따져보고,

다른 방법을 찾아서 요령 피우고. 꾀를 잘 냈다고 할까요? 그냥 무턱대고 하려고 하기보다는 조금은 다르게, 빠르게 하는 방법이 없을까? 그러다 보니까 어떤 선생님은 저를 별로 안 좋아했어요. 맨날 공격적으로 따지고, 꼭 그렇게 해야 하냐고 말대답하고 그러니까.

이쌍규 : 꼬치꼬치 따져 묻는 스타일?

이용우 : 네, 끝까지 따져보고 뭐 이런 걸 잘했습니다.

이쌍규 : 질문을 많이 하는 그런 스타일이네요.

이용우 : 예. 질문을 좀 많이 했죠. 다르다고 하는 건 왜 다른지도 좀 따져보고. 제가 생각해도 평범한 상태는 아니었던 것 같아요. 그 당시에 애들이 학원에 다니거나 과외수업을 받기도 했는데 저는 그럴 형편이 못 되었었거든요. 그래서 그런 애들 놀리는 걸 되게 좋아했어요. 걔들이 모를 만한 것도 막 물어보고.

이쌍규 : 어떻게 보면 오기인 것 같네요? 내가 학원 안 가도 너희보다 똑똑하다?

이용우 : 더 잘할 수 있다. (웃음)

김지은 : 실제로도 공부를 굉장히 잘하셨으니까 그럴 수 있으셨을 것 같아요. 결국, 그 유명한 서울대 82학번으로 들어가셨으니까. 그러면 어렸을 때부터 머리가 타고나서 공부를 잘하셨다고 생각하시나요? 아니면 후천적 노력으로 좋은 성적을 받을 수 있으셨을까요?

이용우 : 아주 잘했다고는 할 수 없고요. 학교에서 저는 1등보다는 2등을 더 많이 했어요. 항상 저보다 잘하는 애가 있더라고요. 다만 저는 학원이나 이런 걸 다녀보지 못하고 고등학교 때에는 정석이나 기본영어를 몇 달 만에 다 독학해서 끝냈었죠. 그냥 혼자서.

이쌍규 : 그걸 혼자 한다는 것 자체가 타고난 머리 없으면 안되는 거 아닌가요?

이용우 : 그렇다기보다는 무언가 해야 하겠다 싶으면 스스로 계획을 세워서 시간 분배하고 그걸 지켜나가다 보니 그렇게 된 것 같아요.

김지은 : 그러면 어렸을 때 장래희망이나 이루고 싶었던 꿈이 있으셨나요?

이용우 : 저는 어렸을 때부터 경제학 교수가 되고 싶다는 생각을 좀 했었습니다. 중학교 2학년 때 친구 아버님이 부산대학교 경제학과 교수셨는데 그 집에 놀러 갔다가 그 집에 있는 책들을 보게 되었어요. 그 책들을 보다 보니 경제학에 관심이 생겼고요. 게다가 우리 집이 그렇게 잘 사는 편도 아닌 데다 아버지의 군인월급이란 게 뻔한 거 아니겠습니까? 이런 사회가 좀 문제가 있다는 생각을 어려서부터 했었어요. 제가 대학 입학 면접을 볼 때 면접관이 조순[28] 교수님이셨는데, 왜 경제학과에 지원했냐고 물으시더라고요. 그때 제가 빈익빈 부익부가 되는 사회는 문제가 있다고 생각하고 경제학은 그런 문제

---

28   **조순.** 20세기 대한민국 경제학계의 대부이자 거목으로, 부총리 겸 경제기획원 장관, 한국은행 총재, 서울특별시장, 한나라당 초대 총재 등을 역임하였다.

를 해결할 수 있는 학문이기 때문에 선택했다는 식으로 답변을 드렸거든요. 학교에서 공부할 때도 저는 독학해야 하고, 다른 아이들은 학원이나 과외로 도움을 받는데, 만약 우리가 다 같은 조건이었으면 어떨까 하는 생각을 많이 했던 거예요. 같은 기회가 주어졌으면. 조금 더 공정했으면. 이런 부분에 관한 생각을 어려서부터 많이 하다 보니 거기까지 생각이 미친 것 같습니다.

이쌍규 : 그런데 학창 시절에 선생님께 말대답도 많이 하고 따져 묻고 그러셨다고 했잖아요. 그때 공부마저 못 했더라면?

이용우 : 아주 이상한 사람이 되었겠죠.

이쌍규 : 그때는 체벌이 엄청났을 땐데...

이용우 : 저는 어렸을 때 공부하면서 체벌도 많이 당해봤습니다.

이쌍규 : 공부를 잘하는데도 체벌을 당하셨나요?

이용우 : 대들었으니까요. 막 따지고 들고. 불편하거나 이해가 되지 않는 일이 발생하면 꼭 앞장서다 보니.

김지은 : 그러면 그렇게 꼬치꼬치 따져 묻는 성격이 학업성

취에도 영향을 많이 주었다고 생각하십니까?

이용우 : 예. 저는 지금도 호기심이 아주 많은 편이에요. 잘 모르는 게 있으면 그냥 넘기지 못하고요. 물어보는 걸 별로 겁내지 않는 편이에요. 처음 대학에 입학했을 때 그런 생각이 들었었거든요. 전국에서 공부 잘한다는 애들은 다 여기 모여 있는데, 모르는 걸 보고 가만히 앉아있기보다는 내가 물어봐서라도 알면 되지. 그래서 똑똑한 친구들한테 많이 물어보고 대화도 많이 했어요. 1학년 때 장하준[29]하고도 아주 친했는데, 같이 7명 정도 스터디 클럽을 만들어서 그 당시 나오는 외국책들 놓고 서로 따져 묻고 토론하고 그랬거든요. 그 친구들 지금도 만나요. 서로 대화를 통해서 생각을 나누고 공부가 되는 거죠. 그런 걸 좋아해서 많이 했어요.

이쌍규 : '왜?'라는 질문 자체를 굉장히 많이 하시는 스타일이군요.

김지은 : 그러면 어린 시절에 대해서는 이렇게 얘기를 마무

---

29   **장하준.** 대한민국과 영국의 경제학자로 케임브리지 대학교 경제학과 교수를 역임했으며 현재는 런던 대학교 경제학과 교수로 재학 중이다. 앞서 1부에서 언급된 장재식 의원의 아들이기도 하다.

리하면서 이용우가 이용우에게 묻는 질문을 한번 던져볼게요. 타임머신을 타고, 어린 시절의 이용우에게 딱 한 마디만 할 수 있다면 어떤 얘기를 하시겠어요?

이용우 : 글쎄요...?

이쌍규 : 돌아가기 싫은 거 아닙니까?

이용우 : (웃음) 그런 건 아니고. 재밌는 것도 많았으니까. 돌아가면, 너무 집착하지 말라고 이야기해줄 것 같아요. 집착. 모든 걸 알아야 한다. 문제를 다 해결해야 한다. 경쟁해서 이겨야 한다. 이런 생각이 너무 많았던 것 같아요. 시간이 흐르면 저절로 해결되는 문제도 있고, 당장 내가 해결할 수 없는 것들도 있는데, 문제에 자꾸 빠져들다 보니까. 걱정을 많이 한다고 해서 걱정이 없어지는 게 아니잖아요? 비슷한 것 같아요. 오히려 집착하다 보니 다른 부분들을 많이 놓치기도 하고요. 너무 많은 것을 하려 하지 말고, 좀 내려놓아도 될 부분들은 내려놓으라고 해줄 것 같아요.

이쌍규 : 좀 완벽주의자 스타일이신가요?

이용우 : 완벽주의자는 아닙니다. 저도 시간이 지나고, 나이

를 먹고, 경험이 쌓이면서 집착을 많이 내려놓게
되더라고요.

서울대 82학번 이용우

이쌍규 : 중학교 때부터 경제학과에 진학할 생각이 있으셨다
고 하셨는데, 다른 학과는 생각을 안 해보셨나요?
아니면 그때 성적이 경제학과 밖에 갈 수 없는 성
적이었나요?

이용우 : 그건 아니었고요. 이때도 제 삐딱한 성격이 좀 드러
나는데요. 그 당시에 공부 잘하면 서울 법대에 가
서 사법시험을 준비하고 그러는데 저는 그게 싫었
어요. 행정고시도 그렇고. 시험을 봐서 뭘 한다는
것 자체가 저랑 안 맞더라고요. 게다가 어려서부
터 경제학에 관심이 있다 보니 우리 사회의 경제문
제에 대해서 좀 더 파고 들어가 봐야겠다는 생각을
많이 했어요. 그러다 보니까 대학 들어가서도 학교
에서 성적 잘 받으려고 하는 공부보다는 서클 활동
이나 다른 경제 책들을 많이 구해서 읽고 토론하는
걸 더 많이 했죠.

이쌍규 : 서클 활동은 어떤 활동을 하셨나요?

이용우 : 오픈 서클인데요. 그 당시에는 이념 서클이었습니다.

이쌍규 : 주로 경제학을 다루었나요?

이용우 : 아닙니다. 종합서클이니까, 뭐 다 본부서클 안에 다 있었죠.

이쌍규 : 이름이 어떻게 됩니까?

이용우 : 그 당시 세계문화연구회고, 언더로는 대학 문화연구회가 있었습니다. 대학 문화연구회 출신이 심상정 의원이 거기 출신일 거고, 김민석 의원도 거기 출신이고, 후배 중에는 故박종철 열사烈士가 속해 있었죠.

이쌍규 : 서울대 82학번이 지금으로 치면 황금 라인이잖아요. 오늘날 정치나 경제 분야에 엄청나게 포진해 있는 인맥들 아니겠습니까? 그때 제일 친했던 친구나 선배들이 있다면 누구를 꼽으시겠습니까?

이용우 : 친했던 친구는 그 유명한 장하준이 제일 친했고요. 많았습니다. 많을 수밖에 없었던 게, 제가 친구들하고 이야기하고 같이 활동하는 걸 좋아했으니까. 솔직히 말해서 1, 2학년 때는 가장 기본과목인 미시경제학도 공부를 안 했었어요. 시험도 대충 쳤고요. 나중에 대학원 준비를 좀 하면서 그때야 아, 이게 이런 뜻이었구나 하고 알았죠. 그때도 공부를 잘했던 친구 중 하나가 장하준이었고, 또 하나가 이혜훈[30]. 그 두 명이 우리 반 애들 노트 복사 대상이었어요. 걔들 노트 복사해서 대충 내고 애들이랑 또다시 활동하러 가고. 그런 식이었으니까 친했던 친구들은 아주 많았습니다.

이쌍규 : 그럼 같은 반 아닌 분 중에는 누구랑 친했나요?

이용우 : 많죠. 김한정 의원도 그렇고, 얼마 전까지 공정거래

---

30 **이혜훈.** 경제학자 출신 정치인으로 서울 서초구 갑에서 3선(17, 18, 19대) 국회의원을 지냈다. 4선 국회의원을 역임한 김태호 전 장관의 며느리이기도 하다.

위원장 했던 조성욱도 있고. 한둘이 아니라서. 근데 82학번이 사람이 많아서 일반적으로 똥파리라고도 부릅니다. 이 학번이 굉장히 운이 좋은 학번이에요. 사회적으로 봤을 때 가장 운이 좋은 학번이 아니었나, 라고 저는 보거든요.

왜냐하면, 1980년에 전두환 정권이 들어서고 나서 과외를 금지했고, 본고사를 폐지하고, 대학 졸업 정원제를 시행했죠. 학과별 또는 계열별로 졸업할 때의 정원을 규정하되 입학할 때는 졸업 정원의 30%를 증원 모집하고 증원된 숫자에 해당하는 학생은 강제로 중도 탈락시키도록 규정한 거예요. 100명이 정원이면 130명을 뽑고 30명은 강제로 중도 탈락하는 거죠. 이게 81학번 때 처음 실행되었는데, 학력고사로 입시제도가 갑작스럽게 변경된 데다가 중도탈락을 할 수 있다는 두려움 때문에 서울대에 대규모 정원미달 사태가 발생했어요.

그런데 82학번은 그 130%를 거의 채우고 들어간 학번이에요. 근데 82년도가 '서울의 봄'[31] 이후, 가

---

31   **서울의 봄.** 1979년 10.26 사건으로 유신체제가 사실상 붕괴한 후 5.18 민주화운동이 신군부에 의하여 무참하게 짓밟힐 때까지, 한국에 민주화의 희망이 찾아왔던 기간(1979년 10월 27일 ~ 1980년 5월 17일)을 일컫는 말로, 1968년 체코슬로바

두 투쟁도 굉장히 많이 일어날 때이기도 했고요, 학내 데모도 굉장히 심했습니다. 그러면서 중간에 학사경고로 해서 잘리는 사람들도 제법 있었고요. 데모하다가 강제진압 당하고, 체포당하고, 제적당하고 했던 사람들이 대단히 많았습니다. 그러다가 민주화가 되고 난 후에 운동하다가 제적당한 사람을 복학시켜주기로 하는데, 복학 기준이 명확하지 않으니까 전원 다 복학을 시켰어요. 졸업 정원제도 유명무실해졌고요. 그런 일들이 있었고요.

또 82학번이 대부분 졸업할 시점이 86년에서 88년 사이의 시점이에요. 그때 민주화도 많이 되었지만, 경제적으로도 호황기였습니다. 그러다 보니 학생운동을 해서 학점이 아무리 엉망이었어도 취업하는 데 아무런 지장이 없었죠. 저 같은 경우에는 대학원 시험을 아마 12월 4일에 쳤을 텐데 발표는 1월에 날 거 아닙니까? 그 전 10월에 이미 삼성그룹하고 현대그룹이 군 미필이라도 뽑겠다고 해서 삼성에 지원해 합격해놓은 상태였어요. 그땐 그냥막 뽑았으니까요. 그때 들어간 친구 중에 지금 삼성카드 사장하고 있는 친구도 있고요.

키아에서 있었던 프라하의 봄을 빗댄 것이다.

이쌍규 : 근데 이런 얘기 요즘 젊은 세대들 앞에서 하면...

이용우 : 아주 싫어하죠. 말도 안 된다고 생각할 거예요. 그래서 그 정도로 운이 좋았다는 이야기를 자꾸 하는 거예요. 또 운이 계속 이어져요. 90년대 초반에 1기 신도시다 해서 아파트 200만 호를 공급하면서 집값이 엄청나게 싸게 나왔잖아요. 우리가 사회초년생 시절에 직장을 다니면서 집을 장만하기 쉬웠습니다. 그렇게 회사든 직장을 다니고 있는데, IMF가 터지죠. IMF 사태 때 82학번들은 회사에서 과장, 차장급이었습니다. 그때 구조조정이 엄청나게 일어나면서 임원들부터 정리해버렸어요. 그렇게 자리를 보전한 과장, 차장급들은 위가 다 사라져버리니까 이후에 고속 승진을 해버리죠. 그때가 30대 후반이었을 거예요. 한 3, 4년 후배는 대리에서 과장이 되었는데, 위에 선배들은 벌써 이사를 달아버린 거죠. 별로 차이도 안 나는데.

그걸로 끝나지 않습니다. IMF 이후에 DJ정부가 들어와서 벤처 열풍이 불었죠. 뮤추얼 펀드Mutual Fund[32] 열풍과 함께. 당시에 주식, 부동산, 채권 모

32　**뮤추얼 펀드(Mutual Fund).** 유가증권 투자를 목적으로 설립된 주식회사 형태의 법인회사를 말한다. 주식회사 형태라고 하는 이유는 이 법인회사가 모집된 투자자산

두 쌌기 때문에 우리 세대는 안정적인 직장을 기반으로 뭘 사도 되었을 때였어요.

과연 우리가 누리는 모든 것들이 노력으로 일군 것일까요? 우리가 잘해서가 아니고 운이 좋아서였다고 생각해요. 운이 좋았기 때문에 그만큼 사회에 대한 책임을 느껴야 한다고 생각하고요. 제가 이 이야기를 드리는 이유가 바로 그겁니다. 우리 세대는 부채 의식을 느껴야 해요. 지금 젊은 사람들은 꿈도 못 꾼다는 집값을 그들이 올린 것도 아니잖아요. 우리가 올렸고, 우리가 누렸고요. 누리고 있고요. 물론, 사람마다 차이가 있겠죠. '이건 내가 잘해서, 내가 노력해서 일군거야'라고요. 그런데 저는 그렇게 보지 않습니다.

을 전문적인 운용회사에 맡기고 추후 그 운용 수익을 운용회사로부터 뮤추얼펀드가 받아서 원래 투자자에게 배당금의 형태로 되돌려 주기 때문이다.

이쌍규 : 친구 중에서 장하준 교수는 어떻게 평가하시나요?

이용우 : 재주가 뛰어난 친구. 모든 걸 다 잘해요. 하준이랑 제일 친했지만, 저희 동기들하고 두루두루 다 친하게 지냈어요. 공부로 보면 약간 계열이라는 게 있는데, 대학원에 갈 때 저는 비주류로 분류되는 경제사나 정치경제학 쪽을 택했고요. 하준이는 영국으로 건너가서 미국의 근대경제학과는 다른 제도적인 부분을 공부해 보겠다고 떠났죠. 둘 다 학문적으로는 비주류적 성향을 보이고 있었어요.

이쌍규 : 혹시 그때는 유학 가실 생각은 없었습니까?

이용우 : 한 가지는 한국경제의 문제를 제대로 푸는 데는 우리의 현실을 제대로 봐야 한다고 생각했고요. 다른 한 가지는 일단 유학은 돈이 많이 드니까.

이쌍규 : 돈도 없었고. 한국 경제를 공부하기 위해서는 굳이 유학을 갈 필요는 없었다는 말씀이죠?

이용우 : 네. 지금 돌이켜 생각해 보면 갔어도 됐다는 생각도 드는데요. 한국에 있어도 한국경제를 제대로 연구하는데 한계가 있어요. 이게 학문적 깊이나 지적 능력의 문제가 아니에요. 경제학 연구가 제대로 이루어지기 위해서는 자료, 데이터, 통계, 발표자료

같은 기본 소스가 제대로 갖춰져야 하거든요. 하지만 우리나라는 정부나 데이터를 제공해야 하는 쪽에서 투명하게 공개하지 않고, 접근 권한도 막아놓고, 숨기는 게 너무 많습니다.

지금 윤석열 정부도 AI 정부, 데이터 정부 이런 이야기를 하지만, 정부 보도자료를 보면 아래아한글파일에 파워포인트로 만든 도표로 자기들이 보여주고 싶은 통계만 보여줘요. 미국에서는 2014년 현대화법을 통해서 모든 통계 데이터는 기계적으로 읽을 수 있게 엑셀 파일로 만들어 공개하거든요. 그러면 학자들이 그걸 가지고 분석도 하고, 정부 발표가 맞는지 검증도 하죠.

그 유명한 토마 피케티 Thomas Piketty 의 〈21세기 자본〉[33] 있잖아요. 그 책이 나오는 데 가장 중요했던 게 데이터에요. 피케티하고 미국과 유럽의 경제 연구가들이 2000년대의 금융위기 같은 상황을 보면서 우리가 소득분배 문제를 잘못 보고 있다는 문제 인식을 하고 팀을 만들어요. 그 팀이 전 세계 통

33 　프랑스의 경제학자 토마 피케티가 2013년 저술한 경제학 서적으로 세계 각국의 소득 및 자본 관련 통계 데이터를 바탕으로 세계 자본주의의 흐름과 양극화 문제를 실증 분석한 책이다.

계 데이터를 모으고 검증하면서 기존에 발표된 연구들이 어떻게 잘못되었는지를 찾아내죠. 그 결과물을 정리해서 발표한 게 〈21세기 자본〉인 거예요.

최근에 대런 애쓰모글루Daren Acemglu와 사이먼 존슨Simon Johnson이 쓴 책에서도 엄청나게 방대한 데이터를 활용하거든요. 이분들 아마 조만간 노벨 경제학상을 받을 수도 있는 사람들입니다. 이 사람들이 전에 쓴 책[34]에 보면 이런 내용이 나와요. 미국과 멕시코가 담장 하나를 사이에 두고 한쪽은 잘살고 다른 한쪽은 못사는 이유가 무엇인가. 두 지역이 담장 하나만 사이에 두고 있을 뿐 인종과 역사와 문화가 같거든요? 하지만, 잘사는 쪽은 포용적 정치경제 제도를 구축했지만, 못사는 쪽은 지배계층만을 위한 수탈적인 제도를 통해 일시적 경제성장을 이루었다. 이런 내용도 다 가장 기초적인 데이터가 투명하게 공개되어 있으므로 나올 수 있는 결과물들이에요.

그래서 '우리나라에서는 왜 노벨 경제학상이 나오

---

34 〈국가는 왜 실패하는가(Why Nations Fail?)〉. 대런 애쓰모글루와 제임스 A 로빈슨이 2012년 쓴 저서로 이때는 사이먼 존슨이 함께하진 않았다.

지 못하는가?'에 대해 이야기할 때도, 저는 사람의 문제가 아니라 기초 데이터만 제대로 공개되어도 나올 수 있다고 생각하는 거죠.

이쌍규 : 제가 읽어보니까 석사 논문을 쓰실 때하고, 박사 논문을 쓰실 때 하고 인식의 전환이 좀 있으셨던 것 같습니다.

이용우 : 석사 논문을 쓸 때는 이른바 전통 정치경제학에서 힐퍼딩[35]의 〈금융 자본론〉, 그리고 레닌[36]의 〈제국주의론〉 등에 등장하는 독점자본주의 이론[37]이라고 있습니다. 그걸 가지고 석사 논문을 썼죠. 그 당시에는 민주화운동의 소용돌이 속에서 종속이냐, 발전이냐 이러면서 사회 구성체 논쟁이 한참 진행되었었거든요.

---

35 **루돌프 힐퍼딩(Rudolf Hilferding).** 오스트리아 출신 독일 정치인, 언론인, 마르크스주의 이론가, 경제학자. 바이마르 공화국 시절에 제국 재무장관을 2번 역임했으며, 국가독점자본주의 이론을 발전시켰다.

36 **블라디미르 레닌 (Vladimir Lenin).** 러시아 제국과 소비에트 연방의 혁명가, 정치경제학자, 정치철학자, 정치인, 노동운동가로 볼셰비키의 지도자였다. 공산주의자이면서도 특별히 마르크스의 과학적 사회주의 사상을 발전시킨 레닌주의 이념의 창시자이다. '레닌(Ленин)'이라는 성씨는 혁명가로서 그가 사용하던 가명이다.

37 독점자본주의 이론. 파시즘은 사회주의 세력의 약진에 대항하고, 낮아진 이윤율을 극복하기 위한 자본가 계급의 가장 극단적인 결과라는 공산주의 이론이다.

　그러다가 이렇게 논리만 가지고 서로 맞니, 틀리니 싸우는 게 무슨 의미가 있을까 하는 생각이 들었어요. 그래서 실제 현실을 들여다보기로 한 거죠. 그때 대학원 석. 박사팀, 사회학과, 정치학과, 경제학과 이렇게 다섯 명이 팀을 만들었어요. 같이 우리나라가 어떻게 돌아가는지 실제 데이터를 가지고 들여다보자.

　그래서 1년간 현대자동차, 대우자동차, 기아자동차 현장을 방문해서 관계자들과 면담도 했고요. 그래서 〈한국자본주의와 자동차산업〉이라는 책을 냈어요. 이 기업들을 대상으로 `독점강화`와 `대외 종속강화`라는 이른바 `신식민지 국가독점자본주의론'의 기본명제[38]의 점검을 시도한 건데요. 자동차 산업이 독점자본의 존재 형태, 국제 분업, 국가정책, 축적구조, 노동자 계급의 역할 등 여러 측면에서 80년대 한국 경제의 모습을 압축해서 보여주고 있어 사례연구의 대상으로 선택한 거예요.

우리가 과거에는 해외에서 돈을 빌려다가 소재·생산설비 및 부품을 수입, 완제품을 생산·판매해 차관 이자를 지급하는 금융상의 종속에 속해있었어요. 예를 들어서 우리나라에서 자동차를 생산하는데 엔진과 트랜스미션을 현대자동차는 미쓰비시에서, 기아는 포드에서, 대우는 GM에서 가지고 와서 우리는 조립만 할 뿐이라는 생각을 했던 거죠. 우린 단순히 외국자본에 종속이 되어있을 뿐이라는 거죠.

근데 들여다보니까 꼭 그렇지만은 않더라고요. 예를 들어, 현대자동차의 경우에는 독자적으로 엔진을 개발하고 있었어요. 미쓰비시에서 기술을 가져다 쓰면 로열티를 내야 하잖아요. 근데 차를 많이 생산하기 시작하니까 내야 하는 로열티가 점점 커

---

38   재벌 등 독점이 발전할수록 이에 비례하여 한국경제의 종속 또한 심화한다는 것이며, '독점 강화, 종속 심화'는 바로 이 점을 압축적으로 표현한 테제다.

지는 거예요. 그래서 '로열티를 이렇게 계속 주느니 자체개발을 하면 안 될까?' 하는 생각이 들기 시작한 거죠. 기술개발을 하는데 들어가는 위험성보다 로열티를 내는 비용이 더 커지니까 경제적인 원리에 의해서 판단한 겁니다.

기존에는 진보적 사회과학계에서 이런 실증분석이 이루어진 경우가 거의 없었어요. 거의 논리로만 싸워왔죠. 그런데 실제로 데이터를 찾고 분석을 해보니까 거의 일반화되어 있던 '한국 경제의 종속성' 문제를 재검토해야 한다는 결론이 나올 수 있었죠. 박사 논문을 쓰면서 인식의 전환이 있었냐고 질문을 주셨는데, 옛날에는 그저 논리만으로 '이건 이거다' 규정을 하려고 했었는데, 이후에는 팩트를 들여다보고 데이터를 가지고 분석한 결과를 두고 논해야 한다는 것으로 생각이 바뀐 거죠.

경제의 정글 속으로

이쌍규 : 그러면 현대경제연구원은 박사학위를 받고 들어가신 겁니까?

이용우 : 그게 스토리가 좀 있는데요. 박사 과정을 수료하고 시간강사를 하고 있었어요. 결혼도 그즈음에 했고요. 그래서 혼수나 집도 필요하고 해서 직장을 구하고 있는데 마침 현대 경제사회연구원이 사람을 뽑는다고 하더라고요. 서울대학교 송병락 교수님께서 그 자리에 다른 친구를 추천해 줬는데 그 친구가 사정이 안 됐어요. 그래서 '선생님 제가 하면 안 될까요?' 하니까 써주시더라고요. 그렇게 현대경제연구원에 입사했죠. 그때가 마침 대선이라 현대그룹 정주영 회장이 국민당 후보로 나오는 시점이었습니다. 그랬더니 경제정책 공약 같은 걸 만들라고 지시가 내려오더라고요. 제가 그래도 일을 남들보다 빨리하는 편이다 보니 저한테 계속 시키는

데 어느 순간 굉장히 하기 싫어지더라고요. 재벌이 정치하는 것도 꼴 보기 싫고.

그런데 마침 그맘때 통합민주당이라고 있었어요. 거기 전국구 4번으로 당선되어서 국회의원을 하고 계시던 분이 장하준의 아버지 장재식 박사였어요. 그분이 보좌관을 뽑는다고 추천도 받고 했는데, 잘 안됐나 봐요. 그래서 저보고 한 번 해보겠냐고 물어서 어차피 일의 내용은 비슷한데 현장은 떠나고 싶고 해서 덜컥 받았죠. 그렇게 보좌관이 되어서 국회에 처음 들어왔습니다.

장재식 의원이 그때 저에게 따로 프로젝트를 만들어줬어요. 우리 경제정책의 이슈들을 좀 따로 정리하라고 하셨는데, 그때 같이했던 사람 중 하나가 돌아가신 정태인[39]씨도 계셨고요. 그때 실증자료 보는 젊은 대학원생들과 같이 한국경제의 기초자료를 만들어갔죠. 그러면서 보좌관 생활을 하고, 선거도 치르고 했죠. 그런데 선거를 치르고 난 다음에 생각해 보니 정치를 계속하기는 어렵겠다는 생각이 들었습니다.

---

39 · **정태인.** 대한민국의 경제학자, 정치인. 국내에서는 '사회적 경제' '협동경제'의 대표 주자로 잘 알려져 있다.

이쌍규 : 왜죠?

이용우 : 경제적인 부분도 있고요. 두 번째는 제가 공부를 했다고는 하지만 현실을 모르는 게 너무 많다. 그래서 정치 쪽은 오래 하기 힘들 것 같다는 생각이 들었어요. 그래서 박사학위 논문을 완성하기 위해서 그만두셨다고 했죠. 한 일 년간 논문을 쓰고, 학위 논문이 통과되고 난 다음에 다시 눈을 좀 돌렸어요. 그랬더니 현대경제연구원 당시 본부장이 저보고 "갈 데 없으면 와"라고 하더라고요. 그래서 다른 데 자리 생길 때까지 있어도 되겠다 싶어서 다시 현대경제연구원으로 돌아갔습니다. 그게 95년이에요.

이쌍규 : 그러면 현대그룹 종합기획실에 가서는 주로 어떤 일을 하셨나요?

이용우 : 현대그룹에서는 관련 컨설팅과 기업전략 같은 걸 많이 했고요. 그다음에 세계경제실이라고 해서 WTO World Trade Organization, 세계무역기구 나 국제 통상과 관련된 일도 했습니다. 연구원에서 자동차 산업을 많이 다루었기 때문에 삼성의 자동차산업 진출과 관련해서도 계속 팔로우하고 있었고, 쌍용 차가 대구에 공장을 짓고 부산 녹산국가산업단지

에 짓고 이런 코스를 짜고 있는데, 그랬을 경우 어떤 영향이 발생할 것인가에 대한 분석을 많이 했었어요. 그러다가 97년 그맘때 현대그룹 종합기획실에서 보니까 이론적 배경을 가진 사람들이 필요하니 연구원의 사람을 파견해 달라 그래서 제가 그쪽으로 파견되었죠.

이쌍규 : 그러면 기획실이라는 게 지금으로 치면 일종의 비서실 같은 개념인가요?

이용우 : 비서실입니다. 파견 갔을 때의 상황도 굉장히 어려운 시점이었어요. 현대그룹은 IMF 위기가 왔을 때, 다섯 개의 소 계열로 나누어졌습니다. 제가 갔던 팀이 그 밑 작업을 하는 팀이었고요. 다섯 개의 계열사를 다섯 명한테 상속을 해줘야 하는데, 그것을 누구한테 유리하게 해주면 싸움이 나지 않겠습니까? 싸움이 나지 않고 공평하게 하려면 그 회사 내용을 정확하게 재무제표를 보고 분석해야겠죠. 그런 걸 주로 하는 팀이었습니다.

그리고 그 당시에 대우그룹이 세계경영을 한다고 그게 앞으로 어떻게 될 것인지 분석을 해달라고 하더라고요. 그래서 분석을 해보니 이건 망하는 길이라 말씀을 드렸죠. 차입금을 돌려받게 되면 도저히

답이 안 나온다. 대우그룹이 망할 수밖에 없는 길로 간다. 그렇게 보고를 올렸고요.

삼성도 자동차산업에 뛰어들어서 주력인 SM5를 출시하던 시점이었어요. 마침 기아자동차가 흔들리기 시작했고요. 그런데 삼성자동차를 분석하다 보니 삼성자동차가 한 라인에서 연간 30만 대 이상을 생산해야 하는데, 삼성이 녹산공단에 생산설비를 구축하려면 지반이 약해서 대단히 큰 비용이 발생하게 되어있었어요. 그 상태로는 생존하기가 어려운 거죠. 그리고 독자적으로 차를 개발할 수 없는 상황이기 때문에 삼성이 사는 방법은 딱 하나밖에 없는 거예요. 기아자동차를 인수하는 것. 근데 아까 말씀드렸다시피 대우그룹이 날아가면 대우자동차도 날아간다는 소리인데, 그렇게 되면 현대가 대우를 가져가야 하나? 그 시나리오를 가지고 분석했더니 대우를 가져가면 같이 망하는 길이더라고요. 그건 도저히 안 되니 현대자동차 종합기획실에서 기아자동차를 도와줬죠.

이쌍규 : 이미 사전에 IMF 징후를 본 거네요?

이용우 : 그렇다고 IMF가 온다는 생각까지는 못 했어요. 못했는데, 이상하다는 생각은 했죠. 한국경제 문제없다고 자꾸 그러는데 자금을 못 메꾸는 회사들이 늘어가는 게 보이고요. 그러다 마침 IMF가 터졌죠.

이후에, 현대그룹에서 기아자동차 인수전을 펼쳐서 인수한 거예요. 이 모든 과정에 참여하면서 알게 된 건데, 지금까지도 풀지 못하는 심각한 문제점이 있었어요. 그게 바로 순환출자[40]입니다. 그러면서 서로 밀어주고, 당겨주고. 이거는 상법을 엄

---

40 **순환출자.** 3개 이상의 계열출자로 연결된 계열회사 모두가 계열출자회사인 동시에 계열출자 대상 회사인 계열출자 관계를 말한다. 주로 한 사람이 상대적으로 적은 자본을 가지고 여러 주식회사를 거느리는 수법으로 활용된다.

밀하게 적용하면 위법입니다. 정부가 봐주고 있는 거죠. 그래서 제가 국회의원이 되고 나서 대기업들에 이런 순환구조를 해결할 계획을 빨리 세워라. 그렇지 않으면 나중에 이게 엄청난 문제가 될 거다. 이렇게 요구했죠. 지금도 숙제입니다.

이쌍규 : 그러면 그 이후에 금융 쪽으로 옮기신 거죠?

이용우 : 네. 그때 자산운용업을 처음 접하기 시작했어요. 그 전까지는 금융에 대해서는 그다지 크게 관심을 두지 않았다가 자산운용의 중요성을 깨닫게 되었죠. 그 당시 동원그룹 김남구 회장을 따로 만났었는데, 한화그룹이 대한생명을 인수한 이후예요. 제가 '동원은 왜 대한생명 같은 걸 인수하지 않았느냐? 동원에 '다음으로 나올 것이 한투(한국투자증권)와 대투(대한투자증권)인 것 같은데 둘 중의 하나만 인수하면 제대로 승부를 볼 수 있다.' 이렇게 이야기를 드렸죠. 그랬더니 해보자고 하더라고요. 그래서 동원으로 이직해서 한투, 대투 인수전에 뛰어들었죠. 그래서 인수했습니다.[41] 그렇게 만들어진 게

---

41 동원금융지주가 한국투자증권을 인수하여 한국투자금융지주회사가 되었고, 하나금융지주가 대한투자증권을 인수하면서 지금 하나증권의 전신이 하나대투증권이 되었다.

한국투자금융지주회사입니다. 동원그룹의 금산분리[42]를 주도해서 지주회사를 만드는 작업이 제가 직접 했던 일 중 하나입니다.

이쌍규 : 한국투자에 계실 때 제일모직 합병에 반대하셨잖아요.

이용우 : 2015년에 그랬죠.

이쌍규 : 그 이야기 좀 해주시겠습니까?

이용우 : 그게 바로 운용사의 최고 투자책임자, CIO Chief Investment Officer를 할 때입니다. 우리가 운용하는 펀드는 고객의 거잖아요. 그럼 나는 고객님의 이익을 위해서 펀드를 운용해야 해요. 회사를 위해서 고객에게 손실을 보라는 행위를 하면 안 되는데, 그게 굉장히 어려운 일입니다. 그런데 그 당시에는 한투가 '삼성그룹주 펀드'라는 걸 가지고 있었습니다. '삼성그룹주 펀드'는 삼성그룹으로서 상장해 있는 14개 종목에만 투자하는 펀드입니다. 그러다

---

42 **금산분리.** 금융과 산업의 결합에 따른 금융 고객과 산업자본 간 이해상충 가능성, 경제력 및 금융의 집중화, 금융회사의 건전성 훼손 가능성 등의 문제점을 방지하기 위하여 금융자본과 산업자본이 상대 업종을 소유·지배하는 것을 금지하는 원칙을 말한다.

보니 크기가 그렇게 클 수가 없어요. 포트폴리오가 너무 한쪽에 집중되어 있어서 문제가 있긴 하지만, 마케팅하기에는 굉장히 좋았습니다. "이거 삼성그룹 것만 다 담은 펀드입니다" 이러니 잘 팔렸죠. 잘 팔리다 보니 펀드 운용 크기가 커졌어요.

근데 2015년에 삼성물산과 제일모직 합병 건이 발표됐는데, 그 당시에 한투 운용이 가지고 있는 삼성물산 지분이 2%가 조금 넘었어요. 발행주식의 2%를 가지고 있다는 건 국민연금 다음으로 많은 물량이었을 겁니다. 대단히 큰 지분이죠.

그러다 보니 논란이 생겼어요. 한쪽에서는 삼성그룹하고 관계를 위해서 찬성해야 한다. 다른 한쪽에서는 이 합병비율에 문제가 있으니 그건 고객에게 손해가 돌아가기 때문에 반대해야 한다. 저는 운용 총책임자이기 때문에 의사결정을 해야 하는 사람입니다. 그러다 보니 책임자가 먼저 이야기하고 그 의견을 내는 순간 아랫사람들이 거기에 종속됩니다.

그걸 방지하기 위해서 제 의견을 얘기 안 하다가 회의 때 녹취하라고 했어요. 그리고 표결했는데 찬성이 5, 반대가 3으로 나왔습니다. 그리고 저는 이런 합병비율은 받아들일 수 없어서 반대한다는 것을 명백하게 밝히고 그걸 기록에 남기라 했어요.[43]

이쌍규 : 총괄 책임자라 미리 의견을 이야기하지 않고, 전체 의견을 모았는데 그렇게 된 거죠?

이용우 : 그렇죠. 이걸 먼저 이야기하기 시작하면 제가 원하는 대로 유도할 수 있다고 생각했어요. 매우 안타깝지만, 저는 그게 옳다고 믿었습니다.

이쌍규 : 그때 의원님이 나섰더라면 지금의 삼성 지배구조가 많이 달라졌을 수 있겠네요.

43　2015년도 삼성물산과 제일모직 간의 합병에서, 합병 시점을 지배주주가 주식을 많이 보유하고 있는 제일모직의 주가는 고평가되고, 지배주주가 주식을 보유하고 있지 않은 삼성물산의 주가는 저평가된 시기에 합병을 결정함으로써, 지배주주에게 유리한 합병비율이 결정됐지만 저평가된 삼성물산의 소액 주주들은 손해를 입었다는 의혹과 비판이 제기되었다. 이용우 의원은 이에 "합병 등의 가액을 결정할 때 주가 등을 기준으로 자산가치, 수익가치 등을 종합적으로 고려하여 결정하도록 하되, 합병 등의 가액이 불공정하게 결정되어 투자자가 손해를 입었을 때, 손해배상책임을 지도록 함으로써, 합병 등의 가액 결정의 공정성을 확보하고 소액 주주 권익을 두텁게 보호"하기 위한 '자본시장과 금융투자업에 관한 법률 일부개정법률안'을 2022년 발의하였다.

이용우 : 그건 알 수 없죠. 하지만 상당히 힘이 많이 빠진 건 사실입니다. 그래서 다른 곳으로 눈을 돌린 것 같기도 해요.

이쌍규 : 한국투자하고 카카오하고 카카오뱅크를 만드는 데
에도 참여하셨는데, 지적 호기심이 발동하셨던 것
일까요?

이용우 : 카카오뱅크를 한투하고 카카오하고 만든다고 했을
때, 처음에는 그런가 보다 하고 별생각이 없었습니
다. 그런데 담당 팀장이 못하겠다고 하는 바람에
위에서 저보고 좀 가서 해달라 그러더라고요. 마침

자산운용 쪽은 너무 머리가 아프다 싶어서 좀 떨어져 있고 싶었는데, 그럴 기회라 생각하고 갔죠.

이쌍규 : 이게 어쨌든 간에 대박을 터뜨리지 않습니까? 그 대박의 원인이 뭐라고 생각하십니까?

이용우 : 금융업은 철저한 규제산업이에요. 그중에서도 은행업은 최대한의 규제가 적용됩니다. 근데 ICT는 규제가 없는 곳이에요. 전혀 문화가 다르죠. 그럼에도 불구하고 이 프로젝트가 성공할 수 있었던 이유는 모든 주체가 긴장 관계에 있었기 때문이에요. 당시의 지배구조를 보면 한투가 58%를 가지고 있는 회사였고요. 카카오는 은행법 때문에 10%밖에 못 가졌어요. 그리고 6%는 의결권이 없는 주식이에요. '카카오뱅크'라는 이름을 쓰지만 실제로는 한투 돈이 제일 많이 들어간 거죠. 그다음으로는 국민은행이 10%고, 카카오가 '이건 내 거다'라고 할 수가 없는 거죠. 그렇다고 한투가 일방적으로 할 수도 없었어요. 카카오 없이 은행들이 ICT를 할 수나 있겠습니까? 그래서 은행 쪽은 최대한 보수적으로 '야, 그럼 사고 나면 누가 책임져? 은행은 사고 나면 망하는 거야.' 이러고 있고. 카카오에서는 '저 꼰대들. 사고 나면 나는 거지. 원래 ICT는 사고가 나면 그걸 고쳐가면서 하는 게 ICT인데 어

떻게 사고가 안나길 바라냐?' 이러는 거죠. 그런데 둘이 같이 의사결정을 하는 거예요. 그 긴장 속에서 새로운 게 창출되는 겁니다.

그래서 제가 제 책에 그려놨던 그림이 이거에요.

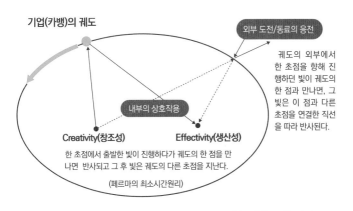

기업(카뱅)의 궤도

외부 도전/동료의 응전

궤도의 외부에서 한 초점을 향해 진행하던 빛이 궤도의 한 점과 만나면, 그 빛은 이 점과 다른 초점을 연결한 직선을 따라 반사된다.

내부의 상호작용

Creativity(창조성)

Effectivity(생산성)

한 초점에서 출발한 빛이 진행하다가 궤도의 한 점을 만나면 반사되고 그 후 빛은 궤도의 다른 초점을 지난다.

(페르마의 최소시간원리)

경영의 기본원리인 창조성과 생산성을 두 초점으로 하는 타원형 궤도를 돌고 이 두 초점은 상호작용함을 서로 인식 (리더의 역할 필요)

이게 타원이거든요. 타원의 정의는 수학적으로 이렇게 표현합니다. 중심이 두 개가 있고요. 두 개의 중심을 연결한 거리가 같은 선들을 모은 게 타원입니다. 만약에 이 중심이 하나였으면 원이 됐죠. 만약 이게 ICT 쪽으로 쏠리면 그냥 평범한 ICT 사업자 하나 더 나온 거고. 중심이 은행 쪽으로 쏠리면 그건 핀테크도 아니고 그냥 은행의 전산 사업에 그치겠죠. 근데 이 두 중심의 갈등을 빚고 있으면서 견제의 균형이 잡혀 있으니까 타원의 형태로 새로운 게 나온 거죠. 이 그림이 그걸 표현한 겁니다.

이쌍규 : 그런 경쟁적 긴장 관계를 어떻게 조정하고 유지하나요?

이용우 : 윤호영 카카오뱅크 대표는 ICT 쪽에 쏠려있고, 저는 은행업에 쏠려있다 보니 정말 오랫동안 싸웠어요. 한 2, 3년 치열하게 싸웠습니다. 하지만 중요한 건 그렇게 싸우면서도 서로 존중하면서 중심을 잡아주는 거예요. 그러다 보면 시간이 걸리더라도 나름의 기업문화가 또 만들어지고요. 어떤 회사들은 균형이 무너져서 한쪽으로 쏠리는 경우가 좀 있거든요. 카카오뱅크와 같은 경우에는 하도 싸우다 보니 '뭔가 이유가 있겠지' 하면서 서로 물어보고 대안이 있는지 같이 찾아보고 그러면서 균형을 유지했습니다.

이쌍규 : 업무 스타일은 어떤 편이신가요?

이용우 : 많이 듣는 편이에요. 저도 제 주장이 강한 사람 중

하나인데요. 위로 올라갈수록 깨달은 게, 위에 사람이 자기주장을 많이 하면 아랫사람은 그 주장에 자신을 맞춰버립니다. 펀드의 경우를 예로 들어보면, 요새 배터리 분야 전망이 좋아서 LG 앤솔이 뜬다고 칩시다. 근데 펀드를 관리하는 사람의 관점에서 뜬다고 무조건 다 사야 하는 건 아니잖아요. 그래서 스스로 판단해서 LG 엔솔을 포트폴리오에 안 넣어놨는데, 위에서 책임자가 '너는 아직도 LG 엔솔이 없어?'라고 하는 순간 달라집니다. LG 엔솔을 안 넣고도 퍼포먼스가 굉장히 좋아 봐야 잘했다는 소리는 못 듣고, 혼나지 않는 게 다행이죠. 하지만 LG 엔솔이 하나도 없는데 그쪽 주가가 많이 올라가서 펀드의 수익률이 낮다면 '야 인마. 내가 그때 그거 좋다고 했잖아. 근데 그거 안 넣었어?' 이러면서 눈 밖에 나겠죠. 그러면 어떻게 하는 게 낫겠습니까?

다른 예시를 하나 들어드릴게요. 이번에 윤석열 정부 금융위 관료들이 아주 운이 좋았다고 안도의 한숨을 쉰 사건이 하나 있었습니다. 올 초에 은행들 예대금리가 높아지면서 윤 대통령이 어떤 말을 했었죠? 은행업의 경쟁을 심화시켜서 금리를 낮추겠다고 했잖아요. 그러면 경쟁을 심화시키는 방법이 뭐가 있겠습니까? 은행을 하나 더 인가해 주거나 새로운 형태의 은행을 만드는 겁니다. 하지만, 은행을 하나 더 인가해 주는 건 수년이 걸려서 될지 안 될지도 모르는 어려운 작업이에요. 그러면서 그때 기업금융이나 벤처를 특화하는 은행, 어느 지역을 특화하는 은행 이런 식으로 논의가 진행되었어요. 그래서 여당의 윤창현 의원하고 이장우 대전시장이 실리콘밸리 뱅크Silicon Valley Bank 를 직접 방문했었습니다. 실리콘밸리 뱅크를 본떠서 '대전은행'이라는 걸 만들겠다는 거죠. 금융위 관료들은 대통령이 말을 했으니 하기는 해야겠고, 해 봤자 답이 안 나오는 건데 끙끙 앓으면서 토론회 같은 거나 계속 열었어요. 그러다 올해 3월에 실리콘밸리 뱅크가 문을 닫았죠? 그랬더니 은행 경쟁 강화니, 뭐니 하는 내용이 쑥 들어갔어요. 다 같이 죽을 뻔했는데 하늘이 도운 거죠. 그래서 위에서 함부로 아무 말이나 하면 안 되는 겁니다.[44]

이쌍규 : 전체적인 검토와 숙의를 거치지 않고 함부로 이야기하지 말라는 거죠?

---

44 금융위는 최근 은행업 경쟁 강화를 위해 지방은행인 대구은행을 시중은행으로 전환하는 것을 고려하고 있다. 대구은행의 조달금리는 조금 내려가겠지만 대출금리는 어떻게 될까? 과연 이렇게 하는 것이 은행업의 경쟁 촉진일까?

이용우 : 절대 안 됩니다.

이쌍규 : 그럼 카뱅에서는 어떻게 의견들을 숙의로 모았나요?

이용우 : 엄청난 피곤함을 감수해야 합니다. 정치에서 보면 민주주의의 절차도 그렇습니다만 의견을 모아서 숙의를 통해 의사를 결정한다는 건 굉장히 비효율적이에요. 토론하고 이야기 듣고, 이런 절차를 다 거친다는 것이 얼마나 답답하고 힘들겠어요? 리더가 결정하고 따라가면 그게 가장 효율적이죠. 하지만 그 절차를 다 거쳐야지만 나중에 사고가 줄어듭니다.

이쌍규 : 그러면 후배들이나 직원들에게 가장 강조하는 것은 무엇이 있을까요?

이용우 : 고객의 이익이죠. 은행은 주주의 것이 아니라 고객의 것이다. 은행의 재무상태표를 보면 이렇게 대출은 은행의 자산이고, 예금은 부채. 자기자본이 자본으로 잡혀 있을 거고요. 만약 자기자본을 1이라고 한다면 BIS 비율[45]에 의해 대출은 10까지 가능

---

45 **BIS비율.** BIS 자기자본비율의 줄임말로 BIS(Bank for International Settlement : 국제결제은행)가 1988년 7월 각국 은행의 건전성과 안정성 확보를 위해 최소 자

합니다. 그러면 예금이 차지하는 비율은 9가 되겠죠. 자기자본은 주주로부터의 부채, 예금은 고객에 대한 부채입니다. 설령 자기자본의 100% 지분을 보유한 주주가 있다 하더라도 회사의 주인행세를 하기에는 턱없이 적은 돈입니다. 예금도 언제까지나 고객의 것이잖아요. 회사의 최우선 과제는 고객의 예금을 까먹지 않는 거예요. 그런 의미에서 은행의 주인은 결국 고객이라는 겁니다. 이걸 놓치면 큰일 납니다.

은행의 재무상태표

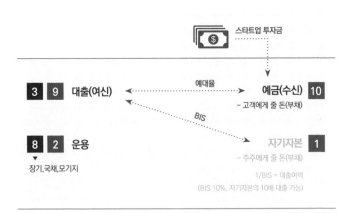

기자본비율에 대한 국제적 기준을 마련한 것으로 금융기관의 위험자산 대비 자기자본의 비율을 뜻한다.

경제인에서 정치인으로

김지은 : 기업인으로서 법을 따르는 처지에서 이제 법을 만
드는 처지로 바뀌셨는데, 경제를 바라보는 시각에
변화 같은 게 있으신가요?

이용우 : 경제를 바라보는 시각에는 큰 변화가 없고요. 견해 차이는 있죠. 규제 당국이 왜 저런 생각을 하고 있는지를 알게 되고요. 양쪽의 입장을 다 알다 보니 중간에서 조율하기도 합니다. 규제 당국이 고려해야 할 것 중 하나는 규제 당사자의 수용성입니다. 저도 의원이 되고 정책을 다루다 보니 규제당국자들한테 현장에서 받아들이도록 하는 방법에 관한 이야기를 많이 해주는 편이에요. 제가 종합기획실에 있을 때도 그랬지만, 기업에서 전략 분야 일을 하는 사람은 정부가 정책을 발표할 때 짧으면 5분, 길면 1시간 이내에 대책을 세워야 해요. 빠져나갈 대책을. 견해가 다르거든요. 기업을 운영하거나 거기에서 일하는 사람들에게는 생존이 걸린 문제예요. 그러므로 방법을 찾죠. 하지만 규제 당국은 그 정도의 절실함은 없을 거예요. 그래서 정책이 의도한 결과로 이어지지 않는 경우가 허다하죠. 그런 문제가 발생하지 않도록 양쪽의 견해를 전달해주고 조율해주는 역할을 하려고 노력합니다.

김지은 : 상임위가 정무위원회 소속이신데 정무위원회를 선택한 이유가 있나요?

이용우 : 기업 지배구조, 공정거래, 금융시장, 자본시장을 담당하는 게 정무위였고 제가 역량을 가장 잘 발휘할

수 있는 곳이기 때문에 선택하게 되었습니다.

김지은 : 처음에 당선되셨을 때는 여당 초선 의원 신분이었는데, 여당 초선 의원으로서 가장 중점적으로 추진했던 일은 무엇이었나요?

이용우 : 공정경제 3법[46]은 제가 생각해도 굉장히 문제가 많았어요. 예를 들어서 아시아나와 대한항공의 합병 문제 같은 게 터졌을 때도 발표가 나오자마자 안 된다고 성명도 발표하고 그랬거든요.[47]

정부가 실상을 정확하게 이해를 못 했기 때문에, 문제가 발생한다고 지적하는 것이 여당 의원으로서 굉장히 힘든 일이었습니다. 하지만 정부의 성공을 위해서, 그리고 국민을 위해서, 여당 야당을 따지기 전에 저의 의무라고 생각했고요. 또 한 가지는 금융소비자 보호에 중점을 두면서 법안이나 정책을 만드는 데 집중했습니다.

---

46 **공정경제3법.** 2020년 8월 31일 발의하고 12월 9일 본회의를 통과한 상법 일부개정안, 공정거래법 전부개정안, 금융그룹 감독법 제정안을 묶어서 일컫는 말이다. 경제민주화를 위한 기본이자 출발점으로 총수 일가와 본인들만의 이익을 위해 일방적 의사결정을 내리는 것을 견제할 수 있도록 설계되었다.

47 당시 합병으로 인해 미국이나 유럽의 경제 당국의 승인이 어렵고 그 효과도 제한적이라고 지적했다. 현재 EU, 미국은 승인하지 않고 있다.

김지은 : 그러면 남은 임기 동안 꼭 통과시키고 싶은 법안이 있으실까요?

이용우 : 지금으로선 얼마 남지 않았지만, 올해 본격적으로 논의가 시작된 상법에 주주의 비례적 이익에 대한 이사의 충실의무가 명문화되는 법안작업이 중요합니다.

김지은 : 의정활동을 3년 동안 하시면서 가장 아쉬웠던 부분은 어떤 거였을까요?

이용우 : 최근에 벤처기업 복수의결권[48] 법안이 통과되었다는 게 가장 아쉬웠습니다. 제가 본회의에서 반대토론도 했었는데요. 문재인 정부 시절부터 주장해 온 겁니다. 이 법안에 제한조건들이 많이 붙었는데, 이런 제한조건들 복수의결권을 발행하는 회사가 그리 많지 않을 것입니다. 그렇게 되면 결국 또 완

---

48 **복수의결권.** 복수의결권 주식은 상법상 1주 1의결권에 대한 특례로 하나의 주식에 2개 이상 10개 이하의 의결권이 부여된 주식이다. 회사를 경영하는 비상장 벤처기업 창업주에게만 발행할 수 있다. 창업주는 자본금을 출자해 법인을 설립한 발기인으로 지분을 30% 이상 소유한 최대 주주를 뜻한다. 투자 유치로 창업주 지분이 30% 이하로 하락하거나 최대 주주 지위를 상실할 때 발행할 수 있다. 복수의결권 주식을 발행하기 위해서는 발행주식 총수 4분의 3의 동의가 필요한 '가중된 특별결의'를 통해야 한다. 복수의결권 주식의 존속 기한은 10년이다. 존속 기한이 경과한 복수의결권 주식은 즉시 보통주로 전환된다.

화하자는 이야기가 나올 텐데 그런 식의 논의가 더는 진전되지 않도록 하는 게 저의 목표입니다.

이쌍규 : 벤처기업에서 복수의결권 자체를 찬성하는 사람들은 경영권 보장을 위해 필요하다고 하지 않습니까?

이용우 : 그런 경우가 있을 수 있겠지만, 지금 글로벌 동향도 그렇지 않고요. 경영권 보장이라는 이름으로 창업자가 주주의 견제를 받지 않고 마음대로 기업을 경영할 수 있도록 풀어주는 결과로 이어질 수 있어요. 우리나라가 이미 그런 문제가 없는 나라도 아니지 않습니까?

또 하나는 복수의결권을 발행하는 회사가 있다면 거기에 투자할 이유가 없잖아요. 이건 투자자를 차별하는 제도거든요. 자본주의 원리에도 맞지 않아요. 예를 들어 우리 김지은 씨가 내가 가진 주식보다 열 배의 의결권이 있다고 하면 주식의 가격도 거기에 비례해야죠. 구글이 상장할 때 복수의결권이라는 걸 미국에서 잘 인정해주지 않다가 자꾸 다른 나라 가버린다고 하니까 억지로 해주긴 했어요. 그리고서 어떤 현상이 벌어졌냐면, 투자자들에게 권고가 나갑니다. 특히 연기금 회사의 경우에는 복

수의결권을 가진 회사에 투자하는 것을 제한한다
고요. 왜냐하면, 그 의결권으로 경영자의 잘못된
행위를 견제할 방법이 없기 때문이에요. 그렇다고
가격을 거기에 맞춰서 발행하는 것도 아니잖아요.
경제적인 원리에서 벗어나는 거죠.

성찰과 재도전

김지은 : 여당 의원이었던 입장에서 돌아봤을 때, 문재인 정부의 가장 큰 문제는 무엇이라고 생각하시나요?

이용우 : 정치적으로는 촛불혁명의 과실을 세력적으로 독점하려 했던 것이 패착이었던 것 같습니다. 촛불정신은 모두의 것이었는데, 특정 세력의 전유물처럼 되어버린 거죠. 그러다 보니 더 폐쇄적인 문화가 형성되었고요. 촛불혁명이 공동의 목표를 만드는 협의체 구성이라던가 협치로 이어진 것이 아니다 보니 상대방도 더 결집하고, 발목을 잡는 데 급급하게 되었어요. 그 때문에 개혁과제를 달성하는 데 한계가 있을 수밖에 없었다고 생각합니다.

이쌍규 : 권력을 공유하는 것이 가능할까요?

이용우 : 가장 힘든 일이긴 합니다. 제일 힘들지만, 그런 정신

을 가지고 국정을 운영했어야지만 촛불혁명의 정부라는 말을 붙일 수 있을 겁니다. 하지만 과연 그 말을 들을 수 있는 자격이 되는지에 대해 동의하는 사람들보다 그렇지 않은 사람들이 더 많을 것이란 거죠.

이쌍규 : 신보만 촛불을 든 건 아니라는 거죠?

이용우 : 정말 다양한 사람들이 많이 와서 들었잖아요. 그 사람마다 요구하는 것이 다르지 않겠습니까? 그러면 그걸 수용하면서 조율하는 것이 정치의 영역인데, 그걸 혼자만 하려고 하니 힘에 부칠 수밖에 없었죠.

김지은 : 아무래도 문재인 정부에서 벌어진 큰 사건 중 하나가 조국 사태였습니다. 조국 사태에 대해서는 어떻게 생각하시나요?

이용우 : 처음부터 처신을 잘못한 겁니다. 본인의 처지에서 뭐가 억울하고, 뭐가 정의롭고 이런 식으로 이야기하는 것은 중요하지 않아요. 국민이 어떻게 받아들일 것인가에 대해 먼저 생각했어야죠. 그러고서 말과 행동이 국민 눈높이에 맞지 않는데, 자꾸 본인 입장만 고수했어요. 국민의 관점에서 일탈한 사고를 고수하는 행태가 우리 정치에 아직도 영향을 주고 있다고 봅니다. 하지만, 부정입학 공범으로 부인은 물론 자녀까지 거의 전가족을 기소한 것은 검찰의 과도한 공소권 남용이 아닐까 생각합니다.

김지은 : 그렇다면 이번 대선을 통해 정권이 교체된 이유는 무엇이라고 생각하시나요?

이용우 : 우리가 실력이 없으니까 그렇죠. 단순합니다. 우리가 촛불혁명이 요구하는 사안들을 얼마나 제대로 이행했는가. 포용적으로 함께 갈 수 있는 방향을 제시했는가. 오히려 포용이 아닌 분열로 나아가지 않았는가. 그런 걸 따져봤을 때, 촛불의 기본정신을 어긴 거라고 봅니다.

김지은 : 의정활동 하시면서 국민의힘 의원들을 상대할 때 어려운 점은 있으신가요?

이용우 : 크게 어렵진 않습니다. 물론, 사적으로 얘기할 때는 뜻도 같이하고 하지만, 표결에 들어가서는 당의 입장 때문에 그렇게 안 되는 경우가 있죠. 하지만 그렇다고 큰 어려움을 느끼진 않습니다. 왜냐하면, 상대방도 입장이 다 있거든요. 그 사람 말들이 무조건 다 틀렸다기보다는 그 사람들이 대표하는 사람들이 다른 거예요. 만약, 그 사람이 나름의 논리가 있다면 그 사람을 설득하는 태도를 보이고 과정을 거치면 됩니다. 그렇게 보면 크게 어렵지 않죠.

김지은 : 그러면 다수당의 입장에서 소수당의 협조가 필요한 순간들이 올 때는 어떻게 행동하는 편이신가요?

이용우 : 일일이 따로 보고, 도와달라고 하고, 이야기하고... 그 방법밖에는 없잖아요? 한 번에 다 설득할 수 있는 것도 아니고. 끌고 가서 협박할 수 있는 것도 아니잖아요. 국회라는 데는 원래부터 목소리가 크게 나오는 곳이고, 갈등이 폭발하는 곳이에요. 하지만 그것을 제도적으로 조율하게 되어 있는 곳도 국회입니다.

김지은 : 그러면 상대 당이지만 국민의힘에서 좋아하는 정치

인이 있다면 누구를 꼽으시겠습니까?

이용우 : 글쎄요... 주호영 대표가 상당히 괜찮아요. 대표이기 때문에 한계가 있지만 다른 의견을 경청하고 수용하고자 노력하는 분입니다.

김지은 : 여당 의원이었을 때와 야당 의원이 되었을 때 차이 같은 것이 있을까요?

이용우 : 글쎄요. 야당을 한지 아직은 얼마 되지 않아서요. 그런데 의외로 야당이 편해요. 여당일 때는 정부를 비판할 때도 훨씬 조심스럽고, 대놓고 반대의견을 내기도 어렵죠. 그렇다고 무턱대고 반대만 하지는 않으려고 하지만, 적어도 눈치는 덜 봐도 되잖아요. 예전에 대한항공-아시아나 합병 같은 경우에도 반대의견을 내면 '왜 굳이 지금 그런 얘기를 하느냐?'라는 이야기 안 들어도 되고요.

이쌍규 : 이제 야당이 되면서 대표가 바뀌었잖아요. 민감한 질문일 수도 있는데, 이재명 대표의 리더십에 대해서는 어떻게 생각하시나요?

이용우 : 이재명 대표가 계양을에 출마하고 우리 당의 대표가 될 때 무엇을 하고 싶다고 하셨죠?

이쌍규 : 정치개혁...

이용우 : 민주당을 바꾸고 개혁하겠다고 하셨죠? 평가할 때
는 자신이 하겠다고 한 것을 얼마나 이루었느냐로
평가하는 것이 맞습니다. 그렇다면 무엇을 이루었
을까요? 없잖아요. 기억나시는 거 있어요?

그다음에 본인이 대선 때 가장 중요한 게 '대전환'
이라고 했어요. 대전환이라는 건 생활 방식이 바뀌
는 수준의 변화를 의미해요. 그래서 '에너지 대전

환'을 이야기하려면 필연적으로 에너지 가격을 올려야 합니다. 가격원리로 따지면 에너지 가격이 올라가야지만 쓸데없는 전력 낭비가 사라지고 신재생에너지의 투자가치도 올라가죠. 하지만 그 과정에서 서민과 취약계층이 힘들어질 수밖에 없어요. 그래서 대전환과 같은 큰 명제를 이야기할 때는 제시하는 비전의 원칙을 달성하기 위한 세부적인 계획도 그만큼 다 마련이 되어있어야 하는 겁니다. 그런데 대전환을 이야기해놓고 전기세를 올리면 안 된다고 주장하는 건 스스로 세운 원칙을 부정하는 겁니다. 결국, 그냥 듣기 좋은 구호였을 뿐이라는 사실을 인정해버린 거죠.

이건 애초에 우리 당이 잘못한 것도 있어요. 문재인 정부 때 에너지 가격을 좀 낮추었던 것이 패착이었죠. 그러다가 코로나가 오니 국민이 어려워한다고 해서 안 했어요. 그리고 다른 거 다 올릴 때 유류세는 동결해 버렸습니다. 유류세를 동결한다는 것은 에너지를 더 많이 쓰라는 소리가 되잖아요. 본인들이 제시한 방향과 반대로 간 거예요. 솔직하지 못한 겁니다. 이게 쌓이고 쌓이다 보니 에너지 가격을 올려야 되는데도 못 올리는 지경이 온 겁니다. 에너지 전환의 문제에 대해서 저는 여야가 큰 차이가 없다고 봅니다. 올리는 거에 대해서 저는 반대하고 싶은 생각이 추호도 없고요. 다만, 에너지 바우처 등을 통해 취약계층을 어떻게 할 건지에 대해서 논의가 필요하고 이를 추진하려면 추가 경정 예산을 해야 합니다. 저는 이런 식으로 이재명 대표가 자신이 내건 약속에 대한 책임을 지는 모습을 보였어야 한다고 봅니다. 비전과 정책이 같이 가야지, 그게 따로 노니 평가가 달라질 수밖에 없죠.

이쌍규 : 굉장히 솔직하게 말씀하시네요. (웃음) 그러면 검수완박[49]에 대해서는 어떻게 생각하십니까?

이용우 : 잘못된 거죠.

이쌍규 : 잘못되었습니까? 어떤 점이 잘못되었나요?

이용우 : 세상에. 검수완박이라는 단어 자체부터 잘못되었고요. 검수완박 혹은 검찰, 경찰 수사권 조정의 핵심은 뭐냐면 확증 편향을 제거하는 것입니다. 그러니까 수사한 사람이 직접 기소하지 말라는 거죠. 수

---

49 **검수완박.** '검찰 수사권 완전 박탈'의 줄임말. 검수완박이 이루어지면 검찰은 기소 및 공판 업무를 전담하게 되고, 법률이 정한 경우를 제외하면 수사업무를 수행하지 못한다.

사하는 사람과 기소하는 사람을 분리하는 거죠. 하지만 그런 사안이 칼로 물 베듯이 가를 수 있는 사안이 아니에요. 근데 중요한 거는 견제와 균형을 어떻게 만드느냐의 문제였죠. 첫 출발부터 이상하게 끌고 간 게, 기소하고 수사를 분리하려고 보니 검찰 중에 수사하는 인력은 해봐야 2천 명 정도, 현재 검찰청 인력 약 1만명 중에 수사 관련 인력은 약 6천명 정도, 경찰이 약 13만명 됩니다. 13만명 중에 교통경찰 빼고 뭐 빼고 하면 수사하는 사람이 몇만 명이 되겠죠. 그 둘을 합쳐서 수사만 전담하는 조직을 만들면 되죠. 국가수사본부가 그것입니다. 그런데 그건 경찰이 반대했습니다. 이런 구조면 자기들이 검찰의 하수인이 될 수 있다는 거죠. 조직 이기주의가 발동한 겁니다. 그런데 이걸 합치더라도 더 중요한 건 지배구조, 거버넌스 스트럭쳐 Governance Structure 를 어떻게 할 것이고 독립성을 어떻게 보장하고 그런 얘기가 빠졌어요. 그러면서 한쪽을 악으로 규정해버렸어요. 그런데, 정말 검찰이 다 그렇게 악한 집단인가요? 최근 기사를 보니 정순신 아들과 관련된 사건을 경찰이 불송치해 버렸더라고요. 검수완박이 되면 이런 일들이 벌어져도 할 수 있는 게 없어요.

사실, 검수완박을 추진할 때 격렬하게 반대한 변호사들이 있었습니다. 두 분 다 우리 쪽 인권변호사들이었어요. 현장의 목소리를 전달한 거였죠. 하지만 우리는 그걸 묵살하기로 했어요. 현장의 목소리를 듣지 않고 관념론으로 세상을 자꾸 바라보는 겁니다. 저는 그 부분이 제일 안타까웠어요. 결국, 견제와 균형을 어떻게 맞춰서 억울한 국민이 발생하지 않도록 할 것이냐는 본질은 사라졌어요. 그렇게 밀어붙여서 법을 통과시키면 뭐 합니까? 문제는 하나도 못 풀고 더 나쁜 꼴이 되어버렸어요.

이쌍규 : 최근 민주당과 관련한 이슈들을 좀 이야기해보겠습니다. 최근에 발생한 민주당 돈 봉투 사건[50]에 대해서 어떤 생각을 가지고 계시는가요?

이용우 : 굉장히 잘못된 거죠.

이쌍규 : 일부에서는 그게 여든 야든 전당대회를 하면 별반 다르지 않다고 주장하는 사람들도 있잖아요.

---

50 더불어민주당 송영길 의원이 당 대표로 당선되었던 2021년 5월 2일 전당대회 당시 한국 공공기관감사협회장 강래구가 이정근 전 민주당 사무부총장을 통해 여러 의원에게 불법 자금을 건넴으로써 정치자금법 및 정당법을 위반했다는 의혹이 발생한 사건이다.

이용우 : 옛날에는 그랬을지 모르지만 이젠 국민 눈높이가 그렇지 않죠. 그리고 그런 걸 하지 말라고 각종 제도를 만든 거고요. 바로 거기서부터 괴리가 생기는 겁니다. 옛날에도 그랬으니 이거 별거 아니라고 생각하는 것 자체가 국민의 의식과 굉장한 차이가 나기 때문에 그런 소리를 하면 할수록 국민의 지지를 받기 어려워질 수밖에 없을 거로 생각합니다.

이쌍규 : 의원님은 금융 전문가이신데, 김남국 의원 코인 사태[51]에 대해서는 어떤 생각을 가지고 계시는가요? 실제로 조사위원회에도 참여하셨잖아요.

이용우 : 많이 받는 질문이긴 한데, 모든 사안을 불법이냐 아니냐만 가지고 판단하는 건 아니거든요. 정치인을 판단하는 평가 기준은 그것보다 더 엄격해야죠. 거기에 이해 상충이라는 부분까지 생각하면 따져봐야 할 문제들도 많이 있습니다. 몇 가지 말씀드리자면, 첫 번째로 이 사건이 기사화되었을 때 본인의 첫 해명이 앞뒤가 맞지 않았어요. 그래서 제가 출장 간 사이에 페북에 그 내용을 썼다가 대서

---

51 2023년 5월 5일에 조선일보가 '15억을 재산 신고했던 김남국 더불어민주당 의원이 대량의 위믹스 코인을 보유하고 있었으며 가상화폐 거래 실명제 직전인 2월 말에서 3월 초 사이에 이를 인출 했다.'라고 단독 보도하며 논란이 된 사건이다.

특필 된 적이 있었습니다. 법적으로 문제가 없다고 이야기하면서 LG디스플레이 주식을 팔아서 뺀 돈이라 했죠. 그런데 LG디스플레이 판돈으로 코인을 샀으면 주식예금이 줄고, 현금이 늘어난 다음에 그 현금이 줄고 코인이 늘어야 하는 거죠. 그런데 현금이 그대로 있는 거예요. 말이 안 되잖아요. 이건 거짓말이죠. 회계는 속이지 않아요. 이걸 무슨 정치적 음모론과 사실을 섞어서 얘기하면 안 되는 겁니다. 그래서 첫 출발이 잘못된 거고요.

이걸 당에서 조사하라고 하는데, 강제조사권이 없는데 어떻게 조사합니까? 이것도 엉터리 중에 상 엉터리입니다. 자, 회사에서 누군가가 어떤 문제가 발생하면 그걸 수사하라고 할 수 있습니까?

이쌍규 : 감사해야 하죠.

이용우 : 감사라는 것이 강제조사권이 없잖아요. 불러서 물어보고 답변 들어보고 이게 앞뒤가 맞는지 안 맞는지 들여다보고, 좀 이상하거나 엉뚱한 소리를 하면 잠깐 업무에서 배제하고 수사기관에 맡겨야 하는지 그 판단부터 해야 하는 거거든요. 돈 봉투도 그걸 해야 했던 거예요. 그걸 안 하니까 여기까지 온 겁니다.

코인 사태에 대해서 조사를 시작했을 때, 김남국 의원에게 자료를 가져오라고 했어요. 업비트 쪽의 계정을 화면으로 한 번 쭉 봤는데, 몇 개는 맞고 몇 개는 이상했어요. 그래서 재산신고 했을 때부터 보유한 명세의 변화를 맞춰보면 되니 재산신고서에 가상자산 항목을 넣어서 한 번 채워보라 했어요. 그랬더니 내용이 너무 많아서 못 채운다고 하더라고요. 그래서 그걸 당신이 직접 분석하고 있지 말고 업비트에 동의서 받아서 진행하면 되니까 비서관 시켜서 동의서 받아와라. 그리고 그 사람들 잘 모르면 내가 다 알고 있으니까 전화번호를 주겠다. 그 사람들한테 연락해서 요청하면 해줄 거다. 그렇게 이야기했죠. 그랬더니 그건 하지도 않고 대뜸 탈당해버린 겁니다. 그래서 그 내용을 채워보지 못했어요.

조사하면서 홍성국 의원하고 얘기하다 보니 걱정이 되더라고요. '아, 이거 거래량이 이 정도로 많으면 혹시 상임위 중에도 거래했을 가능성이 있겠다. 그러면 정말 큰 일인데...' 실제로 그게 기사로도 나와 버렸습니다. 그래서 물어봤죠. 혹시 언론에 공개된 지갑이 당신 것이 맞냐? 맞대요. 그러면 언론에서 분석해서 나온 의혹 몇 가지는 전혀 근거가 없는 것이 아니란 판단을 했고요. 그래서 또 물어봤죠. 혹시 회의 중에 거래한 적이 있냐. 있다는 거예요. 별 문제가 아니라는 듯한 표정이었습니다. 그 답변과 표정을 보는 순간 '아 큰일 났구나...' 거기까지입니다.

이쌍규 : 그러면 실제로 지금 김남국 의원은 둘째치더라도 지금 많은 젊은 친구들이 가상화폐에 투자하고 있잖아요. 그게 투기든 투자든 간에. 그러면 가상 암호 화폐에 대한 정책을 마련해 주어야 하지 않겠습니까?

이용우 : 그래서 제가 가상자산 이용자 보호에 관한 법을 발

의했고, 그것이 이번에 통과되었죠. 이거 가지고 2년을 싸웠어요. 제가 늘 말씀드리지만, 정무위나 규제 당국은 규칙을 세팅하는 것에만 초점을 두고 그 외에는 알아서 하게 내버려 둬야 해요. 그런데 정무위 의원들이 당시에, 한쪽에서는 블록체인을 육성해야 한다는 법안만 들고 오고, 다른 한쪽에서는 규제하는 법안만 갖고 오는 거죠. 그래서 제가 진흥 부분은 중소벤처나 과기부에서 하고 우리는 규제의 틀만 마련하자고 주장했습니다. 그렇게 줄다리기하다가 테라/루나 사태가 벌어졌어요. 그래서 일단 이용자 보호 중심으로 하고, 진흥은 나중에 하자고 타협을 한 거죠. 거기에 불공정거래나 시세 조종을 규제하는 내용을 더해서 통과시킨 겁니다. 애초에 이용자 보호 쪽을 먼저 해야 했습니다. 그랬으면 테라/루나 같은 사태가 안 터졌을 거예요. 근데 이걸 자꾸 육성하는 쪽으로 논의하다 보니 놓치는 부분이 발생한 겁니다.[52]

---

52 국회 정무위원회는 2023년 5월 11일, 전체 회의를 열어 「가상자산 이용자 보호 등에 관한 법률안」 등을 의결하였다. 법률안은 가상자산 이용자 자산의 보호를 위한 사항으로 ① 고객 예치금의 예치·신탁, ② 고객 가상자산과 동일종목·동일수량 보관, ③ 해킹·전산 장애 등의 사고에 대비한 보험·공제 가입 또는 준비금의 적립, ④ 가상자산 거래기록의 생성·보관에 관한 사항을 규율하였다. 또한, ① 미공개 중요정보 이용행위, ② 시세 조종행위, ③ 부정 거래행위 등을 불공정거래행위로 규정하고, 이를 위반한 경우에 대하여 형사처벌 뿐만 아니라, 손해배상책임을 부담하게

이쌍규 : 이런 의혹들이 계속 터지는데도 불구하고 지금의 민주당이 수권 능력이 있는 정치집단이라고 생각하십니까?

이용우 : 있습니다. 우리가 그나마 좀 더 건강하게 토론하고 더 다양한 의견을 수렴할 수 있는 사람들이 많이 있습니다. 그런데 그걸 잘 결집하느냐 아니면 중구난방이 되느냐의 차이일 뿐 수권 능력이 있죠. 그리고 그걸 제대로 엮어내는 게 리더십입니다. 그러니까 우리가 진주알은 많이 있는 상태고, 그것이 실제로 수권으로 이어지느냐는 리더십의 영역입니다.

이쌍규 : 일부에서는 민주당이 더는 도덕성의 영역에서 우위를 점하고 있지 않다고 이야기합니다. 이 부분에 대해서 어떻게 생각하시나요?

이용우 : 정치인에게 있어서 도덕성은 필요조건이라고 봅니다. 도덕성이 없으면 국민에게 무언가를 요구할 자

하고, 집단소송을 제기할 수 있도록 하는 한편, 금융위원회가 과징금을 부과할 수 있도록 함으로써 가상자산 이용자를 보다 두텁게 보호할 수 있도록 하였다. 이에 더하여 가상자산사업자로 하여금 자기발행 가상자산의 거래를 제한하는 한편, 가상자산에 관한 입금 및 출금을 정당한 사유 없이 차단할 수 없도록 하고, 가상자산 시장에 대하여 이상거래가 있는지 감시하고 적절한 조치를 취하도록 하였다.

격이 사라지기 때문인데, 우리가 그 부분에 있어서 국민의 눈높이를 맞추지 못한 일들이 많이 있었다고 봐야죠. 아무래도 도덕의 문제가 발생하면 진영 논리에 근거해서 방어적으로 대응하다 보니 입지가 점점 줄어든 것 같습니다.

지금 검찰이 정치 수사를 하는 것도 명백합니다. 잘못된 것도 많고 피의사실 공표도 엄청나고요. 그렇다고 과거처럼 인위적으로 사건을 만들어서 하는 정도까지는 아닌 것 같습니다. 북송문제와 같은 부분은 말이 안 되는 수사 같기도 하지만, 당에서도 사안별로 자세히 들여다보고 판단해야 하는데, 검찰에서 계속 정치 수사를 하다 보니 방어적인 태도를 보이게 된 것 같기도 합니다.

이쌍규 : 의원님은 그러면 내년 총선을 어떻게 전망하십니까?

이용우 : 그건 아무도 전망하지 못할 겁니다. 대한민국 정치 흐름은 한두 달 만에도 바뀔 수 있는 거니까. 민주당으로서 희망적인 거는 이 정부가 경제문제를 다루는 데 있어서 미숙한 부분이 있고, 많은 국민이 힘들어하고 있죠. 총선에서 가장 중요한 건 먹고사는 문제인데, 그 문제를 해결하지 못하고 있다 보

니 우리가 국민에게 신뢰를 주고 비전을 보여주면 승산이 있을 것이라 봅니다. 그걸 얼마나 빨리 제시하느냐? 그게 과제겠죠.

이쌍규 : 지역구에서의 전망은 어떻습니까? 같은 지역구에서 출마를 하셔야 하잖아요?

이용우 : 글쎄요. 제가 전망할 건 아니지만 그렇게 나쁘지는 않습니다. 제가 한쪽에 편향되거나 그런 사람이 아니다 보니.

이쌍규 : 그렇게 편향적이지 않다는 부분이 합리적으로 보일 수도 있지만 어떻게 보면 인기를 끌기에 부족한

것으로 나타날 수도 있지 않습니까? 거기에서 오는 갈등은 없으신가요?

이용우: 저를 띄워줄 강한 바람이 불거나 그러진 않겠죠. **다만, 저는 지역 주민들에게 어떤 사안이 있으면 솔직하게 말씀드리고 기본적으로 해나가야 할 일을 할 뿐입니다. 그것으로 평가받겠죠. 그건 자신 있습니다.**

위기의 한국경제

이쌍규 : 지금 우리나라 경제 상황이 어떤 것 같습니까?

이용우 : 굉장히 안 좋습니다. 우선, 세계적인 밸류체인의 변화가 대단히 크게 발생하고 있는 시점이라 우리가 어떤 포지션을 취하느냐에 따라 많은 변화가 발생할 수 있는 유동적인 상황에 빠져있고요.

이런 상황에서 미국이 금리를 계속 인상해오고, 우리도 따라가고 있지 않습니까? 단기간에 가파르게 금리가 오르고 있습니다. 금리가 올랐다는 건 돈의 가격이 그만큼 올랐다는 겁니다. 우리 금리가 0.5%에서 3.5%로 올랐다는 건, 기존에 어떤 투자를 할 때의 비용이 0.5원에서 3.5원으로 올랐다는 겁니다. 그러면 옛날에 2원을 벌었을 때, 투자 수익이 났는데 이제는 적자가 나는 거죠. 그러면 2원을 버는 것은 비효율적이라는 의미고, 경제 논리로 치면 2원을 버는 회사들은 망해야 하는 겁니다.

 그런데 망하지 않으려면 어떻게 해야 할까요? 한 가지 방법은 자원을 효율적으로 활용할 수 있도록, 그리고 자원이 빠져나가지 않도록 구조조정을 하는 방법이 있겠죠. 근로 시간 52시간제에서 이익을 못 내는 회사들이 많으니 주 69시간제를 도입하자고 하는 것은 이 원리와 정반대되는 상황을 가져옵니다. 52시간제에서 이익을 내지 못하는 회사와 이익을 내는 회사 중 자원을 효율적으로 사용하는 회사는 어디일까요? 이익을 내는 회사겠죠. 사회적 자원은 유한합니다. 그런데 이익을 내지 못하는 회사에 유한한 자원이 계속된다면 그 사회의 자원은 비효율적인 것이 되는 겁니다. 비효율적인 곳에 투입된 자원을 효율적인 회사로 투입하는 것이 경제원리이고 구조조정입니다. 그런데 현실에서는 이것이 어려운 것입니다. A 회사에서 B 회사로 자원을 이동하는 것은 노동자나 생산시설을 이동시키는 것입니다. 쉬운 일이 아니고 고통이 따릅니다. 이런 일을 효과적으로 할 수 있도록 자원 이전에 장애가 되는 것을 제거하고 자원 배분에서 제외된 회사가 다른 업종으로 효과적으로 이동하고, 고용된 노동자를 재교육하여 효율적인 업종에 취업

할 수 있는 정책을 구사해야 합니다. 이것은 시간이 걸리고 단시간에 되지 않습니다. 마찰과 저항이 발생할 것입니다. 쉬운 일이 아닙니다. 성과는 시간을 두고 나타나죠. 이럴 때, 조급증이 나타나 과거로 돌아가려고 할 겁니다. 주 52시간제에서 69시간이 등장한 이유입니다. 다이어트는 힘듭니다. 하다가 힘들어서 더는 못하겠다고 하면 요요현상이 나타나죠. 증상이 더 나빠지는 겁니다. 이게 어떤 상태로까지 이어지냐면 너무 문제가 방대해져서 어떤 문제를 해결하려고 하면 그게 다른 문제로 불거지는 풍선효과가 발생합니다.

둔촌주공의 예를 들어볼게요. 둔촌주공 사업이 지지부진하고 위험성이 커지니까 자금을 조달하기가 어려워졌어요. 건설사의 조달금리가 한 14%까지 올라갔죠. 14%를 내고는 사업을 유지할 수가 없어요. 그렇다고 이 사업을 중단하게 되면 얼마나 많은 사람이 고통받겠습니까? 하도급업체들은 대금을 못 받아서 무너질 것이고, 거기서 일하는 사람들은 한동안 급여를 받지 못하다가 실직하겠죠. 이미 대출받아서 둔촌주공에 투자한 사람들은 또 어떻게 될까요? 총체적 난국이 될 것 같으니 각종 규제를 완화해 주었습니다.[53] 그리고 그건 더 많은 대출로 이어질 가능성이 농후합니다. 에너지 문제도 마찬가지죠.

한전도 마찬가지입니다. 한전의 적자가 계속되면 한전은 채권을 발행해야 할 거고, 한전이 채권을 발행하면 한전 주식의 일부가 산업은행의 출자로 이루어져 있거든요. 산업은행의 BIS는 떨어질 거고, 그러면 정부가 증자를 더 해야 해요. 국채를 발행해야 한다는 얘기죠. 국채 발행 물량이 높으면 금리가 또 올라가요. 우리가 지금 그런 상황이에요. 이도 저도 못 하는 겁니다.

이쌍규 : 그러면 이런 상황에 대해 윤석열 정부는 어떻게 대응하고 있다고 평가하시나요?

이용우 : 순진했죠. 작년에 레고랜드 사태[54]가 있었을 때 금

53　정부는 둔촌주공 사태 해결을 위한 규제완화 조치로 전매제한 기간 단축, 실거주 의무 폐지, 주택담보대출비율(LTV) 확대를 감행했고, 주택공급규칙 개정을 통해 만 19세 이상일 경우 거주지, 주택 소유 여부, 청약통장과 무관하게 누구나 청약할 수 있게 해주었다.

54　**레고랜드 사태.** 2022년 9월 28일, 김진태 강원도지사가 강원도 레고랜드의 개발을 맡은 강원중도개발공사의 기업회생을 신청하면서 한국의 채권 신용도가 폭락한 사건을 말한다.

리가 크게 변동하지 않았습니까? 레고랜드 디폴트가 발생했을 때 금융시장의 기본 작동원리하고 전혀 다른 행동을 했어요. 작년 10월에 추경호 부총리가 IMF하고 세계은행World Bank 총회에 갔을 때 미국에서 투자자들이 물어봤어요. 레고랜드 사태로 인해서 상당히 큰 금리변동이 발생했는데 문제 없냐. 거기에 대해서 부총리는 그건 강원도의 문제고 국민경제와는 크게 상관없는 문제라고 답을 했어요. 하지만 질문을 한 사람은 투자자예요. 투자자들은 몰라서 물어보는 게 아닙니다. 질문을 던진 이유가 있거든요. 질문을 던져보고 문제를 제대로 파악하고 있는지 본 다음에 대안을 들어보려고 하는 게 투자자들의 습성입니다. 위험성을 제대로 이해하고 대비하고 있구나. 그러면 내가 투자를 철회하지 않고, 투자를 늘려도 되겠구나. 이런 식으로 이어지도록 하는 것이 정석이죠. 그런데 위험성 파악 단계에서부터 틀린 대답을 했잖아요? 그러면 더는 들어볼 것도 없죠. 그런 현상들이 발생했기에 충격이 더 컸던 거예요. 이게 올해 들어와서 조금 안정화가 되었지만, 아까 말씀드렸다시피 우리가 지금 이도 저도 할 수 없는 상황에 와 있습니다.

정부가 지금 취할 수 있는 태도는 딱 한 가지예요.

솔직해지는 겁니다. 우리가 지금 어떤 문제가 있고, 이런 대안을 취했을 때, 이런 사람들이 힘들어질 것입니다. 그 사람들이 너무 힘들지 않도록 우리가 어떻게 하겠습니다. 지금은 우리가 모두 고통을 같이 분담해야 할 때입니다. 이런 이야기를 할 수 있어야 하거든요. DJ가 집권하고 첫 번째 국무회의 때 발언을 보면 그렇게 해요. 우리가 지금 굉장히 어려운 상황에 부닥쳐있습니다. 미증유未曾有의 사태입니다. 죄송합니다. 이 고통은 우리 다 같이 분담해야 합니다. 이런 화법이 필요한 거죠.

그런데 지금 어떻게 하고 있습니까? 이건 다 전 정부 탓이다. 벌써 1년이 지나갔는데 변한 게 없어요. 이런 태도로 계속 국정을 운영하면 대한민국의 미래가 어떻게 될지는 불 보듯 뻔합니다.

이쌍규 : 지금 솔직하지 못하다는 건 투명하지 못하다는 겁니까?

이용우 : 시장에 참여하고 있는 사람들은 내용을 모르는 게 아니에요. 어떤 선택도 100점짜리가 없고, 어떤 선택을 하든 누군가는 고통받을 수 없다는 것도 알죠. 그렇다면 거기에 대한 대책을 어떻게 세울 것인지에 대해서 야당과 국민에게 설명을 해줘야 하

잖아요. 그런 설명은 하지 않고 문제가 생기면 전 정부를 탓하며 야당을 공격하는 겁니다. 그러면 거기에 대해 뭐라고 합니까? 협치라는 게 다른 게 아니에요. 국민에게 도움을 요청하는 과정입니다. 그걸 지금 안 하면서 본질을 흐리고 있는 거예요.

투명하고 공정한 경제를 위하여

이쌍규 : 의원님께서 의정활동을 하시면서 책 〈두 발로 선 경제〉를 출간하셨는데요. 여기서 두 발은 무엇인가요?

이용우 : 공정과 혁신의 두 발로 선 경제죠. 시장질서가 투명하고 누구나 다 예측할 수 있어야지만 경제가 움직이는데 그게 바로 공정이고요. 사람들이 누구나 욕심을 가지고 노력해서 성과를 냈을 때 그 열매를 자신이 얻을 수 있도록 해야지만 혁신이 그 안에서 발생할 수 있습니다. 그렇게 공정과 혁신의 두 발로 선 경제라고 한 건데, 중의적인 의미가 있어요. 두 발로 섰다는 것은 "Down to Earth"라는 표현을 담은 것도 있습니다. 두 발을 땅에 딛고 섰다는 건 관념적인 이야기 말고 현실에 바탕을 둬서 실사구시의 경제정책을 하나씩 하나씩 해나가자는 의미에요.

이쌍규 : IMF 직전이나 10년 전 우리 사회의 시장질서와 지금의 시장질서를 비교했을 때, 투명성은 어떤가요? 좀 나아진 거 아닙니까?

이용우 : 나아졌죠. 그 당시에도 불만이 있고, 이거밖에 못하냐 했지만, 시간이 가면서 정책들이 겹겹이 쌓이면서 이젠 돌이킬 수 없을 정도로 쌓여왔잖아요. 이런 과정을 통해서 바뀌는 거거든요. 공직자 재산공개도 비슷해요. 금융실명제도 그즈음에 실시되다 보니 정치인들의 차명계좌부터 해서 여러 가지가 다 터져 나왔잖아요. 지금 가상자산 재산등록도 마찬가지로 몇 가지 구멍이 있어요. 그렇다고 안하고 넘어갈 수는 없지 않겠어요? 실시하다 보면 또 문제가 드러날 거고 그러면 그 문제를 해결하면

됩니다. 그렇게 구멍을 하나씩 메워가며 제도가 진화하는 거거든요. 저는 그런 과정이 더 중요하다고 봅니다.

이쌍규: 의원님이 발의하신 법안 중에 '삼성생명법'이라는 게 있는데 이건 어떻게 발의를 하게 되셨나요?

이용우: 그건 2007년부터 해서 아주 기본적인 사안이었기 때문에 안 하는 게 좀 문제였고요. 삼성생명도 새로운 보험회계기준인 IFRS17[55]를 도입해야 하는 상황이기 때문에 피해 갈 수 없는 상황이다 보니 이런 상황에 빠르게 대비해야 할 필요가 있었죠. 박용진 의원도 이 문제를 해결하기 위한 법안을 내놨고요. 상법도 그렇고 삼성생명법도 그렇고 저는 단박에 해결되는 문제가 절대 아니라고 생각합니다. 그 때문에 굉장히 부담스러운 문제예요. 하지만 그 문제를 회피해서는 안 된다고 보는 거죠. 실제로 우리나라 대기업 지배 구조상의 큰 문제인 순환출자의 구조와 삼성생명의 문제가 아직 풀리

---

55 **IFRS17.** 2023년부터 적용되는 새로운 국제회계기준으로 보험사가 가입자에게 돌려줘야 할 보험부채를 원가가 아니라 '시가'로 평가해 회계 처리하는 것이 핵심이다. 기존의 원가 평가는 보험계약을 맺은 시점을 기준으로 보험부채를 계산하는 방식이었다.

지 않고 있습니다. 그렇다고 이 문제를 풀지 않고서 새로운 시대로 넘어갈 수 있겠습니까? 저는 없다고 봅니다. 그러면 뭔가 부담이 발생하더라도 할일은 해야죠.

이쌍규 : 그러면 이 법안 내용의 핵심은 뭐라고 봐야 하나요? 삼성생명을 주주가 아닌 고객들 중심으로 운영하게끔 하는 건가요?

이용우 : 그렇다기보다는 삼성생명법의 핵심은 보험사가 보유한 계열사 주식과 채권을 평가할 때 취득원가가 아니라 현재의 시가로 평가하도록 하는 겁니다. IMF가 발생한 원인 중에 아주 중요한 부분이 투자에 대한 시가 평가를 하지 않았다는 거거든요. 한투나 대투나 종금사 이런 데서 해외에서 채권을 100에 구매했는데, 그게 시가가 1이 되어도 100이라고 계속 장부에 적고 있는 거예요. 그러다 고객이 100 어디 갔냐 하고 보니까 곳간이 비어버린 거죠. 그거 하지 말라고 하는 겁니다. 굉장히 상식적이지 않나요? 그런데 보험사들이 아직도 그런 관행이 있어서 그런 비정상을 정상화하는 법안이 삼성생명법인 겁니다.

이쌍규 : 의원님께서는 내부자 거래 사전 공시 제도도 발의

하셨던데 이거는 어떤 의미입니까?

이용우 : 자본시장에서 가장 중요한 것은 투명성입니다. 하지만 내부자와 투자자가 같은 정보를 갖고 있어야 하는데 그러기가 어렵잖아요. 그래서 균형을 맞추는 겁니다. 내부자가 주식을 팔 때 최소 30일 전에 어떤 식으로 매각할 것인지 사전에 신고하고 팔라는 겁니다. 그렇게 하면 내부자 거래에 관해서 면책해주는 거죠. 내부자가 우월한 정보를 활용해서 돈을 벌고 그거로 인해서 누군가는 피해를 보는 구조는 잘못되었잖아요. 이 제도가 도입되면 투자자들이 앞으로 발생할 상황에 대해 예측 가능성이 생깁니다. 내부자가 주식을 판다고 신고했는데, 그 계획이 어떻게 되는지, 그 계획대로 팔고 있는 건지를 볼 수 있잖아요. 그리고 그 계획을 어기거나 거짓말을 했으면 디스카운트를 해버리고요.

그런데 이 법안이 통과되지 못하고 있다가 최근에야 통과되었어요. 통과된 이유가 SG증권발 주가 폭락사태 때문이에요. 그때 다우데이터 김익래 회장이 제일 먼저 팔면서 주가가 폭락했잖아요. 그래서 소액 투자자들이 피해를 보았죠. 고객의 매매정보를 알고 하락을 예상해서 미리 팔았다면 이건 범죄행위예요. 그런데 만약 앞서 말씀드린 법안이 진작 통과되었더라면 그런 피해가 발생하지 않았을 겁니다. 이게 작년 초에 내놓은 법안이었는데, 정부에서는 자기네들이 안을 따로 내겠다 하니 여당도 아무것도 못 하고 질질 끌다가 사태가 터지니까 통과시킨 거죠.

이쌍규 : 자본주의의 투명성을 일관되게 주장하시는데, 공정이 기본적인 바탕이 되어야 한다는 의미인 거죠?

이용우 : 맞습니다. 자본시장에서 정보의 비대칭성 때문에 발생하는 문제가 제일 큽니다. 이 문제를 해결하는 중요한 원칙 중 하나가 디스클로즈 룰Disclose Rule), 공시의 원칙[56]이라는 것이 있어요. A와 B가 거래를 하면 공시를 하는 겁니다. 공시하면 제3 자가 볼 수 있게 되죠. 제3 자가 보고 그 거래가 불공정하거나 자신의 권리를 침해했다는 것을 확인할 수 있게 하는 겁니다. 대신 이렇게 공시했는데도 한참 동안 모르고 있다가 나중에 와서 자신의 권리를 침해당했다고 하면 그건 인정해 주지 않는 거죠. 공

---

56   **공시의 원칙.** 물권의 변동은 언제나 외부에서 인식할 수 있는 어떤 표상, 즉 공시방법을 수반하여야 한다는 원칙을 말한다. 이에 따라 「민법」은 동산에 관하여 인도(「민법」 제188조), 부동산에 관하여서는 등기(「민법」 제186조)를 공시방법으로 인정하고 있고, 그 밖에는 판례에서 명인방법이라는 특별한 관습상의 공시방법을 인정하고 있다.

시했는데도 못 봤으면 못 본 사람 책임이니까요. 이 원칙을 공정거래법과 자본시장법에서 일관되게 가져가야 하고, 그 의무를 위반하는 사항에 대해서 큰 패널티가 있어야죠. 그렇게 공정을 담보한 상태에서 혁신을 기대할 수 있다고 저는 봅니다.

이쌍규 : 주가조작의 부분에서 리니언시Leniency 제도[57]를 도입해야 한다고도 말씀하시는데, 이것에 관해서도 설명 부탁드립니다.

이용우 : 리니언시 제도라는 게 우리나라 형법에는 잘 없고 예외적으로 공정거래법상 담합행위에 적용하고 있는 규정입니다. 담합에 참여한 기업이 자발적으로 담합 사실을 신고하면 시정조치나 과징금 등의 제재를 감경 또는 면제해주는 제도를 말합니다. 이걸 해주는 이유는 담합이나 주가조작의 경우에 제한된 사람이 제한된 정보를 가지고 하므로 규제 당국이 그 정보를 얻기가 상당히 어려운 측면이 있거든요. 그러면 그 정보를 가진 사람의 자백을 얻어낼 만한 유인책이 필요한 겁니다. 리니언시 제도가 그

---

57   **리니언시(Leniency).** 담합행위를 한 기업이 자진신고를 할 경우 처벌을 경감하거나 면제하는 제도를 말한다. 이 제도는 담합 주체들 상호 간의 불신을 자극하여 담합을 방지하는 효과를 얻을 수 있다.

유인책이 되어줄 수 있을 겁니다. 누군가가 자백하는 순간 끝나는 건데, 자백하면 광명을 찾을 수 있다고 하면 그만큼의 억지 효과도 있을 수 있겠죠.

이쌍규 : 일반적으로 외국인 투자자들이 우리나라에 투자할 때 '코리아 디스카운트 Korea Discount'[58]라고 해서 저평가하는 경향이 있잖아요. 한국 기업들이 그렇게 평가되는 이유가 뭡니까?

---

58 **코리아 디스카운트(Korea Discount).** 한국 상장기업 주식의 가치평가 수준이 유사한 외국 상장기업에 비해 낮게 형성되는 현상을 말하는 것으로 2000년대 초부터 관찰되기 시작하여 현재까지 해소되지 않고 있는 것으로 평가된다. 코리아 디스카운트는 한국 주식시장의 취약성을 집약적으로 드러내는 표현으로 널리 사용되고 있으며 한국 주식시장이 선진 주식시장으로 도약하기 위해 반드시 해결해야 할 문제로 인식되고 있다.

이용우 : 여러 가지 이유가 있겠지만, 아까도 얘기했듯이 회사가 공시를 통해 제대로 투명하게 정보를 공개하는 부분에 있어서 미흡한 게 있고요. 그거보다 더 중요한 건 투자자들을 대하는 태도입니다. 투자자들은 그냥 돈만 내고 마는 사람들이 아니에요. 회사의 주인입니다. 회사는 주인에게 내용을 정확하게 알려주고 승인받고 그래야죠. 그게 투자자를 주인으로 대접하는 기본 태도인데 그걸 해주지 않고 있어요. 주인으로 대우도 안 해주는데 당연히 투자의 매력이 떨어지죠.

이쌍규 : 대접을 안 해준다?

이용우 : 예를 들면 이렇습니다. 회사로서 투자수익률을 기본적으로 일반 금리보다 두 배 정도는 해줘야 하거든요. 금리가 2%면, 수익률이 4%는 나와 줘야 한다는 얘깁니다. 그런데 주가 상승률이나 배당률이 그만큼 나오지 않는다고 하면 투자자는 투자금을 빼야죠. 기업 처지에서는 투자금을 유지하려면 당장 단기적인 수익률이 나오거나 배당을 해주지 못하더라도 투자자를 설득해야 합니다. '우리 회사가 지금 신사업을 추진하는 데 투자할 계획입니다. 투자하게 되면 자금이 필요해서 당장은 배당이 어렵습니다. 하지만 신사업의 성공으로 이렇게 하면 투

자수익률이 10%가 발생하고 이는 주가에 어떻게 반영될 것입니다.' 그러면 주주가 그 정보를 가지고 투자를 승인할지 말지를 판단하겠죠. 그게 IR[59]입니다. 주주총회에서 해야 하는 일들이 이런 거예요. 그러고서 나중에 보니까 거짓말을 했거나 잘못 판단한 것이 드러나면 그걸 근거로 경영진보고 나가라 해야죠. 이게 자본주의의 가장 기본적인 원리입니다. 그런데 우리는 그게 제대로 작동하지 않아요. 주주가 회사에 대해서 정확한 정보를 얻기 위해서 장부를 좀 보자고 하면 회사 비밀이라는 핑계로 알려주지 않으려 하고요. 친절하지 않아요. 그냥 우리가 알아서 할 테니 묻지도 따지지도 말고 믿고 돈을 맡기라는 수준이죠. 다른 나라는 안 그런 데 우리나라만 그러고 있으면 당연히 디스카운트가 생기죠.

이쌍규 : 의원님이 발의한 상법 개정안에 보니까 이사의 충실의무[60]에 대해 적고 있는데, 우리 일반 국민은 상

---

59 **IR(Investor Relations).** 기업이 투자자 또는 이해관계자(Stakeholder)를 위하여 경영상황과 재무상황, 업적활동에 관한 정보를 제공하는 활동을 말한다.

60 **이사의 충실의무.** 상법 제382조의 3은 '이사는 법령과 정관의 규정에 따라 회사를 위하여 그 직무를 충실하게 수행하여야 한다.'라고 규정하고 있다.

법에 대해서 잘 모르다 보니 설명이 필요할 것 같습니다. 이사의 충실의무는 어떤 의미인가요?

이용우 : 일단은 이사라고 하지 말고 임직원으로 생각해 봅시다. 임직원은 회사 다닐 때 회사의 이익에 충실하게 일을 해야 합니다. 상식적이잖아요. 사익을 위해서 회사의 돈을 빼돌리거나, 횡령하거나, 아니면 어떤 거래를 하면서 친척에게 값을 싸게 해주고 그런 거 하지 마라. 그러면 회사에 손실이 생긴다. 이런 거예요. 기존의 충실의무는 이렇게 회사에 충실해라 이런 거였습니다.

90년대 초반에 삼성 이건희 회장이 이재용 부회장한테 돈을 얼마를 증여했어요. 증여해서 증여세를 냅니다. 이재용 부회장이 그걸 가지고 돈을 좀 불린 다음에 삼성 SDI가 가지고 있는 삼성 에버랜드의 전환사채를 인수하겠다고 해요.[61] 에버랜드가 당시에 주주들에게 에버랜드의 전환사채를 주당

---

61 1995년, 이재용은 이건희 회장에게 60억 8천만 원을 증여받았다. 여기서 16억 원을 증여세로 내고 남은 45억 원으로 에스원 주식 12만 주를 23억 원, 삼성엔지니어링 주식 47만 주를 19억 원에 매입하였다. 두 회사는 이듬해 1월, 12월 상장했는데 이재용은 적절한 시점에서 보유 지분을 매도하여 각각 375억 원, 230억 원을 회수하였고 560억 가량의 차익을 내게 된다. 그리고 이때 불린 자금은 다음에 일어날 사건들에서 밑천으로 활용된다.

7,700원에 발행했습니다. 당시 시가가 10만 원 정도 했는데 헐값에 발행한 것이죠. 원래 전환사채라는 건 채권인데 주식으로 바꿀 수 있는 채권이고, 주주에게 배정할 땐 지분 비율대로 배정해야 해요. 이때 주주가 취득을 포기하면 포기된 전환사채를 남은 주주에게 몰아줄 수 있어요. 에버랜드의 주주들이 그걸 포기해버립니다. 그리고 그걸 이재용 부회장에게 몰아줍니다.

회사가 자신이 가진 권리를 포기해가면서 이재용이 싸게 살 수 있도록 해준 거잖아요. 소액주주로서는 자신들이 투자한 회사가 그렇게 한 것이 회사의 이익을 침해했다고 해서 소송을 겁니다. 그런데 이 소송의 결과가 2009년에 나와요.[62] 어떻게 나오냐면 이사 충실의무에서 이사는 회사에 충실해야 한다고 했지, 주주에 충실해야 한다고 규정하고 있지 않다. 그러므로 대주주와 소액주주의 권한이 왔다 갔다 한 것에 대해서는 회사의 이사가 책임질 이유가 없다. 그러므로 무죄다. 그게 대법원의 2009년 판결이었습니다. 그것 때문에 논란이 많았죠. '아니 그럼 회사에 충실 하라고 했는데, 회사의

---

62   대법원 2009.5.29. 선고 2007도4949 전원합의체 판결

주인은 누구야? 주주 아니야?' 이런 겁니다.

좀 다르지만, 최근에는 이런 일이 있었죠. LG화학이 가지고 있던 LG배터리 사업을 나눈다고 하니 LG화학의 주주들이 '아니, 배터리 사업 잘되는 것보고 투자했는데, 그걸 빼서 다른 놈한테 넘겨서 상장시켜 버린다고? 내 권리를 침해한 거 아니야?' 하고 문제를 제기했어요. 물론 이것들이 제도적으로 보완이 많이 되었지만 궁극적으로 이사의 충실 의무에 대해서 질문이 남는 겁니다. 이런 문제들이 제도적으로 많이 보완되기는 했지만, 궁극적으로 이사가 주주에게도 충실해야 한다는 것을 명문화해서 이사들이 어떤 행위를 할 때 주주한테 손실이 가면 그 손실을 보완해야 한다는 그런 내용입니다.

이 법안이 법사위에 올라가 있는데 잘 논의가 안되고 있고, 관심을 못 받고 있길래 지난 4월에 한동훈 장관을 통해서 이 법안의 의미와 필요성을 물었습니다. 보통 경제사범을 많이 수사해본 검사는 그 조항의 필요성을 절실하게 느낄 수밖에 없어요. 이 법이 없어서 처벌받지 못하고 빠져나가는 경제사범들을 많이 보았을 겁니다. 역시나 한동훈 장관도 획기적이고, 꼭 필요하다고 생각한다더군요. 이 법안은 거부할 명분이 없어요. 하지만 회사들이 꽁장히 불편해지기는 합니다. 그러다 보니 법사위에서도 다른 이야기를 하면서 계속 뭉갰던 거죠. 하지만 한동훈 장관의 답변 이후에 다시 이야기가 본격적으로 진행되기 시작했어요. 제가 이 법안에 대해서 감히 평가하자면 우리나라 헌법 제119조 2항인 경제민주화 조항[63]보다 더 중요할 수 있다고 봅니다.

이쌍규 : 주주의 비례적 이익[64]에 대한 이사의 충실의무가 명문화되면 한동훈 장관이 이야기한 것처럼 획기적일 것 같다는 생각이 듭니다. 이 아이디어는 어디서 얻으셨나요?

이용우 : 주주의 비례적 이익은 경북대 이상훈 교수님이 먼저 이야기했고, 많은 사람이 2009년 이후에 판례가 바뀌어야 한다고 하면서 소송을 이어갔어요. 하지만 판례가 바뀌지 않았습니다. 그래서 이상훈 교

63　**헌법 제119조 2항.** '국가는 균형 있는 국민경제의 성장 및 안정과 적정한 소득의 분배를 유지하고, 시장의 지배와 경제력의 남용을 방지하며, 경제주체 간의 조화를 통한 경제의 민주화를 위하여 경제에 관한 규제와 조정을 할 수 있다.'

64　**주주의 비례적 이익.** 대주주, 소액주주 모두 각자의 주식 1주당 가치를 보호한다는 뜻을 담은 개념이다. 대주주든 소액주주든 주식 1주의 가치는 같다고 배우지만 실제 주식시장에서 이들 주식의 가치는 다르게 평가받는다.

수와 이야기를 하던 중에 판례가 바뀌었으면 좋겠는데, 판례가 바뀌지 않는다면 법을 바꾸는 수밖에 없을 것 같다고 말씀하시더라고요. 그래서 법 조항에 어떻게 넣을지에 대해서 심도 있게 논의한 끝에 추진하게 된 겁니다.

이쌍규 : 지금 법사위에 계류 중인가요?

이용우 : 계류 중입니다.

이쌍규 : 그렇다면 지금 여당의 법사위원들은 이 개정안에 대해 반응이 어떤가요?

이용우 : 아직 큰 반응은 없습니다.

이쌍규 : 모르는 겁니까? 아니면 기업의 이익을 대변해주느라 그런 건가요?

이용우 : 그건 제가 확인해보지 않아서 알 수는 없고요. 한동훈 장관도 그렇고, 이복현 금감원장한테도 확인했는데 현 정부에서도 소액주주 보호에 대해서 열심히 설파하고 있기는 합니다. 그러면 그렇게 말만 하지 말고 의원들을 설득해야죠. 말만 하고 행동에 옮기지 않으면 립서비스 아니겠습니까? 저는 그렇게 생각합니다.

이쌍규 : 이 개정안이 소액주주들에게 제대로 홍보만 되면 좋을 텐데요.

이용우 : 요즘 자본시장에 투자자들이 대단히 많고, 제가 예전에 삼프로 TV도 나가고 했기 때문에 투자자들로부터 관심을 많이 받는 조항이긴 합니다. 저는 작년 대통령 선거가 굉장히 의미가 있었다고 생각하는 게, 그전까지는 대선에서 자본시장에 대한 공약은 거의 찾아보기 힘들었습니다. 하지만 코로나 시국에 많은 사람이 주식 투자에 관심을 두기 시작했고, 공부도 많이 하는 상황이 되었어요. 그러다 보니 자연스럽게 불공정 행위가 자신에게 손실을 보게 하는 행위를 막아주는 조항들이 부재하다는 걸 인지하기 시작했습니다. 그 때문에 이 개정안은 힘을 받을 수밖에 없는 상황이에요. 기존 회사들의 반발이 있을 수는 있겠지만 투자자를 대접하지 않는 시장에 투자자가 들어올 이유가 없으므로 결국 더 많은 투자자가 관심을 두기 시작한다면 여론이 이 법안에 큰 힘을 실어줄 것이라고 봅니다.

이쌍규 : 일각에서는 물적 분할을 통해서 상장하는 것이 하나의 전략인데, 그걸 통제하면 오히려 투자를 위축시킬 수 있는 것 아니냐고도 지적하던데, 이거에 대해서는 하실 말씀이 있는가요?

이용우 : 저는 물적 분할이든 인적 분할이든 반대하지 않습니다. 그건 회사가 전략적으로 취할 수 있는 행위라 생각하고요. 다만, 너희가 어떤 것을 전략적으로 선택할 때 주주들에게 피해가 간다고 하면 그걸 어떻게 보완할 것인지에 대해서 설득하는 노력이라도 하라는 거예요. 투명하게 공개하고 이익에 침해가 되지 않도록 혹은 침해를 최소화하도록 어떤 노력을 해야겠죠. 자회사의 주식 일부를 모회사의 주주에게 주는 노력도 생각해 볼 수 있는데 그러려면 아마 세법을 포함해서 한두 가지를 고쳐야 할 거예요. 그렇게 하나하나 고쳐 나가야죠.

이쌍규 : 어떻게 보면 이게 의원님의 대표 브랜드 같은 거네요. 지금의 상법 개정안이.

이용우 : 그렇죠. 문재인 정부 때 공정 3법을 내놓았었는데요. 당시에 저항이 발생할 것을 우려해서 굉장히 조심스럽게 접근했었어요. 저는 오히려 이거를 정면 돌파로 해결했어야 하지 않았나 하는 생각이 들어서 정말 아쉽게 생각합니다. 이번 법안도 마찬가지입니다. 이걸 가지고 저항을 예상해서 조심스럽게 접근하기보다는 정면 돌파하는 것이 우리 당으로선 좋지 않을까 생각합니다.

노후소득을 책임지는 나라

이쌍규 : 지금 연금 개혁 특위에 계시잖아요. 지금 국민연금
이 55년 되면 고갈된다는 주장도 있습니다. 국민
연금 개혁의 방향이 국민에게 전달이 잘 안 되는
느낌도 들고 공포감만 커지고 있는 것이 사실이거
든요. 국민연금은 어떤 방향으로 바꾸어 나갈 필요
가 있을까요?

이용우 : 제가 1차 연금특위 때부터 정부에 질의할 때마다
확인하는 것이 있습니다. 제가 보건복지부 장관이
든 관련자에게 묻습니다. '연금이 고갈되면 연금을
받지 못하는 겁니까?' 그러면 언제나 '받습니다. 국
가가 줘야 합니다.'라는 대답이 돌아옵니다. 그러
면 앞으로 연금개혁을 논의할 때 고갈된다 만다는
소리 하지 말고, 고갈되더라도 국가가 부담한다는
선언부터 해야 한다고 제가 말합니다. 그걸 안 하
고 있으니까 세대 간의 갈등만 증폭되는 거잖아요.

제가 특위에서 이렇게 확인한 이유는 속기록에 남기기 위해서입니다. 기록에 남겨야 그걸 근거로 국민을 안심시킬 수 있지 않겠습니까?

또 하나는 연금 고갈과 관련된 이야기는 연금개혁 특위에서 논의할 문제 자체가 되지 않는다는 겁니다. 연금법에 보면 연금의 기금 추정치는 보건복지부 장관이 5년에 한 번씩 발표하게 되어 있습니다. 보건복지부가 하면 되는 일을 왜 연금개혁 특위에 넘겼냐는 거죠. 연금개혁 특위는 기금의 고갈론을 갖고 이야기하면 안 되는 거고 국민연금과 관련된 문제의 본질을 해결하는 데 주목해야 한다고 저는 지속해 얘기하고 있습니다. 그러면 그 문제의 본질이 뭐냐? 이게 연금특위의 보고서 제목에 잘 나타나 있는데요. '대한민국 노후소득 보장 마스터플랜 초안'이 그것입니다. 이 제목에 충실하면 됩니다.

항상 모든 일을 할 때는 목표설정이 가장 중요합니다. 목표가 무엇인가요? 대한민국 국민의 노후소득 보장입니다. 현재 우리나라가 노인 자살률이 10만 명당 46명입니다. OECD 평균이 17명입니다. 3배 가까이 높습니다. 게다가 노인 빈곤율을 따져보면 우리나라 노인 빈곤율이 40%거든요. 빈곤율은 중위 소득 50% 미만 비율입니다. 선진국은 빈곤율이 10%고, 프랑스는 13%. 이렇게 차이가 있는데 '그걸 어느 정도로 줄여야 할 것인가? 이 말은 지금까지 우리나라에 태어나서 경제활동을 했다가 은퇴했을 때 빈곤에 빠지는 거고, '노후 생활을 어떻게 해줘야 할까?'에 대한 질문을 먼저 던져야 합니다.

그러면 우리가 노후소득 보장을 위해서 들인 제도들부터 살펴봐야죠. 국민연금이 하는 부분이 있고요. 퇴직연금이 하는 게 있고요. 기초연금이 하는 것도 있습니다. 논의의 순서는 국민연금 고갈되는

데 어떻게 해야 하나에서 시작하는 것이 아니라, 우리나라에서 노후를 살아가는 데 필요한 돈은 얼마인가? 사람마다 다르겠지만 대체로 65세 이상의 적정 노후 생활비는 1인 평균 160만 원이라고 합니다. 그렇다면 그 돈을 어떻게 마련해줄 것인가? 국가가 부담해야 하는 부분은 어느 정도인가? 이렇게 시작해야 하는 거죠.

그렇다면 여러 가지 연금 중에서 무엇이 어떤 성격이 있는지 알아봐야죠. 그중에서 기초연금은 연금이라고 볼 수 있을까요? 기초연금은 소득 하위 70%에게 주는 거죠, 65세 이상 노인들에게 월 32만 원 정도씩 국가 세금에서 줍니다.

두 번째로 국민연금은 평균 얼마를 받을까요? 한 58만 원 정도 받는 것으로 나옵니다. 그러면 둘이 합치면 90만 원. 아까 이야기한 160만 원의 절반 수준밖에 안 되는 겁니다. 직장을 다닌 사람은 퇴직연금이 있을 테니까 그게 더해지겠지만 그걸로 모자랄 겁니다. 그러면 그걸 기초연금을 올려서 해결해야 할까요? 연금 소득 비율을 올려서 해결할까요? 이 사람들이 그걸 낼 능력은 될까요? 이렇게 논의가 진행되어야 하는 거고 연금 고갈은 이 과정에서 나오는 여러 문제 중 지엽적인 부분에 불과한 거예요. 전체 그림이 굉장히 중요한 거죠.

국회에서 논의해야 할 것은 우선 노후소득을 사회가 어느 정도까지 보장할 것인가를 정하는 겁니다. 여력이 안되면 노후소득보장율을 적정노후생활비의 70%부터 시작하고, 5년 뒤에는 75%, 80%까지 늘려간다고 칩시다. 그러면 재정은 어떻게 할 것인가를 봐야죠. 세금이 모자랄 수 있으니 세금을 더 내야 할지 말아야 할지, 어떤 세목을 늘려야 될지. 결국에는 국가 재정을 들여다보고 누가 어떻게 부담할까의 문제이기 때문에 국회 연금특위에서 이걸 다룰 수밖에 없는 겁니다. 보건복지부는 의회에서 논의된 부분을 잘 이행해주면 되는 거고요.

또 하나 이야기하고 싶은 건 연금개혁과 노동 개혁은 반드시 같이 가야 한다는 점입니다. 현재 연금을 59세까지 내고 65세부터 받게 되어있죠? 그러면 이 5년 동안의 공백은 뭐죠? 작년에 대법원판결이 하나 있었습니다. 정년을 61세로 유지하면서 55세 이상 근로자의 임금을 감액하는 임금피크제[65]를 적용한 회사와 관련한 사건이었는데요. 이것

---

65 **임금피크제.** 근속연수 증가에 따라 지속해 임금이 인상되는 임금 결정 방식을 일정한 시기 이후에는 생산성이나 업무성과에 비례하여 기존의 임금을 줄여나가는 방

이 동일노동 동일임금의 원칙을 벗어난 연령차별에 해당하기 때문에 안 된다는 내용입니다. 임금피크제 자체가 도입될 때부터 이런 문제는 예상이 되어있었어요. 원래는 임금조정을 통해서 고령 근로자의 고용을 보장하고 신규 채용인력을 확대하는 건데, 청년고용을 늘리지도, 장년층의 정년을 보장하지도 못했어요. 오히려 노인 빈곤에 기여하는 제도로 전락한 겁니다.

그러면 실질적으로 노인 빈곤을 해결하기 위해, 노후소득을 보장하기 위해 정년을 65세나 70세까지 연장을 하면 안 될까요? 100세 시대라고 하는데 정년은 왜 올리지 못하는 거죠? 이걸 기존의 연봉제나 호봉제로 하자는 게 아니고 회사마다 혹은 어떤 단체마다 하루 몇 시간 정도만 필요한 일들이 있어요. 그런 일을 주자는 거예요. 하지만 정년을 연장하자는 이야기를 꺼내면 첫 반응이 청년 취업 문제도 해결 못 하고 있는데 어르신들끼리 다 해 먹으면 청년들은 다 죽으라는 소리냐는 말이 나옵니다. 이건 청년들을 위한 일자리와 겹치지 않는 선에서 하면 되는 문제고, 사회적으로 필요하지만,

---

식으로 변경하는 대신 정년을 보장하거나 연장하는 제도를 말한다.

청년들이 꺼리는 시간제 업무로 한정해도 될 거예요. 예를 들면 어르신 돌봄 같은. 그러면 60세에서 끊겼던 소득이 65세까지 늘어나겠죠? 이건 연금을 올리지 않고서 노후 빈곤을 해결할 수 있는 하나의 방법이 될 수 있어요. 이래서 연금개혁과 노동개혁은 따로 떨어진 문제가 아니다. 이걸 같이 묶어서 우리가 노후 문제를 어떻게 해결할 것인지의 문제가 중요한 과제라는 거죠.

이쌍규 : 국민연금 기금운용본부를 분리하자는 방안도 이야기하셨는데, 취지가 뭔가요?

이용우 : 이런 겁니다. 우리나라 국민연금의 규모가 너무 커져 있어요. 그러므로 기금의 운용이 경제에 미치는 영향이 너무 큽니다. 그런데 기금 내에서는 대표자, 사용자 단체, 노동자 단체, 전문가들 이렇게 다 들어가 있다 보니 운영 방향을 정하기가 굉장히 어려워요. 그래서 기금운용의 대표성을 가진 조직이 국민연금의 운용 방향설정을 담당하고, 전문성을 가진 기금운용본부는 목표수익률을 달성하는 실무에 집중하는 거죠. 이렇게 되면 대표성을 가진 조직은 자원의 배분에 초점을 맞추면 되고, 기금운용본부의 성과를 평가하고 위험성을 관리하는 데에 초점을 맞추면 됩니다. 기금운용본부도 좀 쪼개서

경쟁시키는 것도 하나의 방법이 될 수 있겠죠. 어찌 되었든 국민연금이 너무 커져서 발생하는 문제를 해결하고 기금을 효율적으로 운용하는 것이 기금운용본부 분리의 본질입니다.

대전환 시대의 자본주의

이쌍규 :　일반적으로 기업인 출신이시니까 당연히 규제 완화에 방점을 두고 의정활동을 할 거로 생각하기 쉽잖아요. 그런데 의원님께서는 규제 완화보다는 규제 재편이 필요하다고 말씀하십니다. 규제 재편이라는 건 어떤 의미인가요?

이용우 :　1980년대나 90년대에 환경문제를 이야기하면 뭐라고 평가했을까요? 환경문제가 심각하니 이러이러한 걸 하면 안 된다고 하면 난리가 났을 겁니다. 2000년대 초반에 제조물 책임법이 처음 도입되었습니다. 물건을 사서 이용하다가 다치거나 했을 때, 회사의 고의나 과실에 의해 그 손해가 발생했다는 것이 밝혀지면 회사가 책임진다는 내용입니다. 근데 이걸 처음에 도입하려고 할 때 기업 죽인다고 난리가 났어요. 근데 지금은 당연하게 받아

들여지고 있죠? 가습기 살균제 사건[66] 같은 경우도 생각해보세요. 규제는 시대를 따라가는 겁니다. 시대적 요구에 따라서. 반대로 1970년대에는 존재했던 규제가 지금은 의미가 없어진 것도 있습니다. 그런 규제는 과감하게 없애야겠죠. 이 시대에 맞게 필요한 건 도입하고, 불필요한 건 없애는 게 규제 재편이에요.

두 번째로 규제 완화는 언제나 위험성이 따릅니다. 저는 규제 완화에 반대하지 않아요. 하지만 그 위험성에 대해서 어떻게 대비할 것인지가 같이 따라와야 합니다. 2015년에 사모펀드 규제를 완화해 줬어요. 그때 사모펀드가 잘 된다고 하니까 개인이나 일반 개미도 투자할 수 있게 완화해 준 거죠. 그래서 사모펀드 투자 대상자를 확 늘려버렸어요. 늘리니까 라임, 옵티머스 이런 게 생기는 거죠.[67] 완화할 수 있습니다. 하지만 문제가 발생하지 않도록

---

66 가습기 살균제를 사용한 사람들의 폐에서 섬유화 증세가 일어나, 2021년 1월 12일까지 신고된 사망자만 1,740명, 부상자 5,902명에 달하는 피해자가 나온 화학 재해이다. 국가기구인 사회적참사특별조사위원회의 연구 결과, 신고되지 않은 사례를 포함해 1994년부터 2011년 사이에 사망자 20,366명, 건강피해자 950,000명, 노출자 8,940,000명이 발생한 것으로 추산되었다.

67 라임과 옵티머스 모두 대형 사기를 쳐서 문제가 된 사모펀드의 이름이다.

어떤 장치들을 마련했어야 한 거죠. 문제가 발생하면 검증기관에 책임을 묻는다는 무언가라도 만들어 놨어야 한다는 겁니다. 규제 완화는 이렇게 책임이 같이 따라와 줘야 합니다.

이쌍규 : 규제를 완화하더라도, 그 위험성에 대한 책임을 지우는 그런 체계가 의원님께서 말씀하시는 규제의 재편이라는 거죠?

이용우 : 그렇죠. 그러니까 그걸 네거티브 규제라고도 하는데, 네거티브 규제는 이런 거예요. '당신이 알아서 하세요. 그런데 잘못되면 책임은 당신이 져야 하는 겁니다. 그것도 징벌적으로.' 그러면 고민하죠. 포지티브 규제를 여기까지 해야 한다고 하면 딱 거기까지 해요. 그러고서 사고가 나잖아요. 기업은 하라는 거 다 했다고 얘기해요. 그러면 면책이 되죠. 그래도 사고는 났잖아요. 그러면 공무원들의 책임이 되어버린단 말이에요. 그러면 공무원들은 어떤 태도를 보이겠어요? 자꾸 잘 알지도 못하면서 이것저것 하지 말라는 얘기만 해대기 시작합니다. 있는 규제 없는 규제 끌고 와서 시장에다 덕지덕지 바르는 거죠. 그게 포지티브 규제의 문제입니다.

이쌍규 : 의원님께서 추진하는 정책이 주주 자본주의가 아

니라 이해관계자 자본주의라고 표현하셨는데, 그 건 어떤 의미입니까?

이용우 : 이제 ESG라는 표현을 많이 쓰잖아요? 그중에 G가 거버넌스Governance, 지배구조인데 이거는 주주에 가깝습니다. S는 소셜Social, 사회적 책임을 의미하고요. A라는 회사가 있으면 이 회사가 B라는 회사에 납품받기도 하고 C라는 곳에 판매도 하고 그럴 수 있잖아요? D라는 회사에 하도급을 줄 수도 있고, 사업을 영위하면서 직간접적으로 영향을 주고 받는 사람들이 있을 겁니다. 그게 사회적 관계입니다. 여기에 더해서 A라는 회사는 이런 사회적 관계 뿐 아니라 환경 전체에 대한 책임, 기후 위기에 대응할 책임도 있다는 것이 E, 인바이런먼트Environment, 환경입니다.

그 때문에 ESG를 논할 때 출발점을 G에서부터 거꾸로 가야 합니다. 거버넌스도 제대로 갖추지 못하고 주주도 제대로 대우하지 못하면서 어떻게 사회를 바라보겠습니까? 그래서 일단 기본부터 갖추어야 하는 겁니다. 하지만 지금 ESG에 대한 우리의 접근은 환경분담금을 얼마를 냈느냐? 정도로 퉁치고 넘어가는 수준이에요. 그조차도 너무 수준이 얕아요. 유럽에서는 카본 프리 같은 목표에 근접하기 위한 노력을 많이 하고 있잖아요? 최근에 중국에서 페인트를 납품받던 유럽의 한 업체가 중국하고 밸류체인의 문제 같은 것들이 발생해서 국내 페인트사로 업체를 바꾸려고 검토를 시작한 일이 있었어요. 그러면서 국내에 실사까지 와서 페인트업체에 요구한 것이 있습니다. '너희들이 제조할 때 단계별로 탄소 배출량이 얼마인지 확인해서 우리한테 제출해 달라.' 이걸 필수요건으로 한 거예요. 이제 더는 회사가 제품만 잘 찍어낸다고 성공하는 자본주의 시대가 아니게 된 겁니다.

이쌍규 : 이젠 환경을 포함해서 모든 관계가 중요해졌다는 말씀이신 거죠?

이용우 : 관계죠.

이쌍규 : 그러면 의원님께서 책에서 이야기하신 감시자본주의의 문제는 무엇인가요?

이용우 : 감시자본주의의 문제는 이제 데이터와 개인정보에 관한 건데요. 쇼사나 주보프 Shoshana Zuboff 교수가 정의한 새로운 자본주의 체제의 개념입니다. 인간의 개인적인 경험을 빅테크 기업이나 정보기관 같은 곳에서 무료로 수집하고 추출해서 은밀하게 상행위의 원재료로 이용하거나 그것이 곧 권력이 되

는 체제를 의미해요. 이걸 '위로부터의 쿠데타'라고도 표현합니다. 이 문제가 전 세계적으로 발생하고 있는데, 아마존은 소비자의 후생을 높이며 꾸준히 적자를 기록해 세금을 포함한 거의 모든 규제를 빠져나갈 수 있었지만, 미국의 골목 경제를 파괴했고, 2016년부터 미국 대선에서 구글 애널리틱스 Google Analytics 가 영향을 미치고 있습니다. SNS가 발달하면서 우리 스스로 우리 개인정보를 웹에 공유하고, 우리가 어떤 앱 서비스를 이용할 때 잘 읽어보지도 않는 약관에 이런 게 다 동의가 되어 있어서 그랬다고는 하지만 이렇게 쓰이리라는 것을 알고 동의하는 건 아닐 겁니다.

우리나라도 개인정보 보호법이 존재한다고는 하지만, CCTV가 정말 많이 설치되어 있고, 검색기록이나 데이터가 내가 '원하는' 혹은 '원할 것 같은' 콘텐츠만 보여주는 데에 활용이 되잖아요. 그게 정말 내가 원하는 것인가, 내가 필요로 하는 것인가, 아니면 위에서 내가 원했으면 하고 바라는 것을 노출하는 것인가. 그들이 나의 사상을 나도 모르게 조종할 수 있는 건 아닐까. 이런 질문들에서 시작하는 거죠. 그렇다면 우리를 감시하는 사람들은 누가 감시를 할 것인가, 그들을 어떻게 통제할 것인가에 대한 해답을 우리도 찾아가는 것이 아주 중요한 문제입니다.

따라서, 우리가 핀테크, 빅테크의 데이터를 통한 혁신을 단순히 기술 혁신의 문제가 아니라 민주주의 체제 전반에 대한 새로운 관점으로서의 도전으로 받아들여야 하는데요. 결국, 투명성과 공정성의 문제로 돌아가는 겁니다. 그러려면 개인정보가 어떻게 수집되고 사용되는지 알 수 있도록 해주고 알고리즘의 판단에 관해 설명을 요구할 권리가 개인에게 있어야 하고, 나아가서는 그 정보의 소유 주체가 개인이라면 거기에 대해서 비용도 지급할 수 있어야 하는 거죠. 그게 이른바, 데이터 주권을 세우는 것입니다.

하지만 2020년 초 우리의 데이터 3법은 거꾸로 가명 정보를 정보 주체의 동의 없이 데이터로 활용할 수 있도록 길을 열어주었어요. 기술혁신을 통한 산업육성에 방점을 둔 거죠. 우리 사회가 개인정보 보호를 상대적으로 경시하는 경향이 있기도 하고, '성장'을 위해서 개인이 희생해야 한다는 사고가 존재하는 것도 사실입니다. 하지만, 이 문제를 단순히 성장의 관점으로만 접근한다면 우리는 문제의 본질에 전혀 접근하지 못한 채 사회구성의 기본

원칙을 무너뜨리게 될지도 몰라요. 데이터 주권의 관점에서 접근을 시작해보고 논의해야지만 민주주의에 대한 새로운 위협에서 벗어날 수 있고, 국제 흐름에도 맞출 수 있고, 단순히 내수시장에만 머무르는 국내 데이터 기업들이 국제 경쟁력을 갖출 수도 있을 거로 생각합니다.

데이터 3법 주요 내용

개인정보 보호법 개정안

- 개인정보 개념을 개인정보, 가명 정보, 익명 정보로 구분한 후 가명 정보를 통계작성 연구, 공익적 기록보존 목적으로 처리할 수 있도록 허용

- 행정안전부, 금융위원회, 방송통신위원회 등으로 분산되어 있는 개인정보 관리 감독을 개인정보 보호 위원회로 일원화

정보통신망법 개정안

- 정보통신망법상 개인정보보호 사항을 개인정보 보호법으로 이관

- 온라인 개인정보보호 관련 규제 및 감독 주체를 방송통신위원회에서 개인정보보호 위원회로 변경

신용정보법 개정안

- 가명 처리된 개인신용정보를 빅데이터 분석 및 이용의 법적 근거 명확히 마련

- 가명 정보는 통계작성, 연구, 공익적 기록보존 등을 위해 신용정보 주체의 동의 없이도 이용, 제공할 수 있음

이쌍규 : 이때까지 쭉 말씀해주신 것이 자본주의의 대전환이 이루어지는 시점의 한국경제가 어떻게 변해야 하는가에 대한 것 같습니다. 그러면 이걸 누가 어떻게 바꾸어야 하는 건가요?

이용우 : 지금처럼 모든 걸 대기업이 할 수 있는 상황은 아니라고 생각합니다. 그러기엔 너무나도 다양한 정보가 존재하고 우리가 모르는 것도 너무 많아요. 대기업들이 해줘야 하는 건, 남이 잘하는 건 남한테 넘겨주고 자기들이 잘하는 건 자기들이 하는 것 정도입니다. 그래야 우리 중소기업이나 중견기업들이 클 수 있는 토양이 만들어지겠죠. 그런데 자꾸 기술 탈취나 하고 위험을 외주화하려 하고 그러면 그게 안 될 겁니다. 그래서 정치권에서 대신 그런 환경을 조성할 수 있게 제도를 정비해줘야죠. 일정 정도의 비용도 사회가 부담해줘야 하고요.

이쌍규 : 그게 잘 안되어서 지금의 체제가 유지된다면 어떤 문제가 있을까요?

이용우 : 이런 체제의 관성이 너무 오래 지속되면 사람들이 더 이상 도전할 의욕을 잃게 됩니다.

이쌍규 : 희망이 없는 사회.

이용우 : 네. 요즘 저출산 문제도 마찬가지잖아요. 0.78이라는 숫자가 대체 어떻게 나온 걸까. 아이를 낳아서 키우려면 비용도 많이 들고, 어떻게 될지도 모르는 불안감 때문이잖아요. 도저히 나보다 나은 삶을 물려줄 자신도 없고. 그게 아니고 내가 아이를 낳으면 어떻게든 잘 될 수 있다는 희망이 있으면 낳겠죠. 그게 단순히 돈으로만 해결될 수 있는 문제가 아닙니다.

이쌍규 : 문재인 정부의 소득주도 성장론[68]에 대해서는 어떻게 평가하십니까?

---

68 **소득 주도 성장론.** 근로자와 서민 가계의 실소득과 구매력을 대폭 끌어올려 현재 수출 대기업에 지나치게 의존하고 있는 한국의 경제 구조를 가계 중심, 근로소득자 중심으로 전환 시켜 내수 경제를 발전시켜 새로운 성장 동력으로 삼는다는 이론이다. 가계의 임금과 소득을 늘리면 소비도 늘어나 경제성장이 이루어진다는 내용으로, 경제성장 동력이 정체 중인 한국의 현실을 타개하려는 방법으로써 일부 소장파 경제학자들에 의해 제시되었고, 문재인 정권의 경제 과제로 채용되었다.

이용우 : 소득주도 성장론은 어느 정도 의미는 있었습니다. 우리가 도입한 소득주도 성장론의 원천은 ILO International Labor Organization, 국제노동기구 이상헌 박사팀이 했던 임금 주도 성장론이었습니다. 그걸 소득으로 대체하면서 자영업이나 비정규직 같은 분야를 간과한 부분이 있고요. 그리고 과연 소득주도 성장론이라는 단어가 적합했는가에 대한 의문도 듭니다. 너무 의욕만 앞섰던 상태였던 것 같아요. 그러나 우리 사회가 이제는 낙수효과에 의한 발전은 시대에 맞지 않다는 인식이 자리 잡은 상황에서 어떤 대안을 낼 필요는 있었어요. 하지만 그걸 관념적으로만 접근할 것이 아니라 개인의 소득을 어떻게 만들어주고 그것이 어떤 과정을 거쳐 경제발전으로 이어지도록 할 것인가를 체계화시키지는 못했던 거죠. 나름의 화두로서는 의미가 있었고, 소득분배율 같은 부분에서 개선되기도 했습니다. 하지만 설계의 시간도 짧았고, 적용의 시간도 너무 짧았기 때문에 어떻게 평가를 하기가 참 힘들고요.

더 큰 문제는 정권이 바뀌면서 그것의 장단점을 보려고 하기보다는 아무런 대책 없이 그걸 과거로 되돌려놓고 있는 거예요. 정권이 바뀌건 말건 어떤 정책이 잘 되고 있다면 그걸 차곡차곡 쌓아서 높여

나가야지. 일단 다 무너뜨리고 보자는 식으로 하는 것은 그게 누가 되었든 대한민국의 시계를 돌려놓는 데 시간을 낭비하는 거예요. 낭비를 위한 낭비를 하는 게 얼마나 비효율적입니까?

나는 왜 정치를 하는가?

이쌍규 : 야당 의원 생활도 하셨고, 여당 의원 생활도 하셨잖아요. 만약 재선되신다면 초선의원에게 선배로서 해주실만한 충고 같은 게 있으실까요?

이용우 : 국회의원이든 누구든 사람은 사회적 변화에 대해 정말 고민을 많이 하고 공부를 해야 합니다. 그러기 위해서는 토론도 해야 하고 다른 사람들의 이야기도 들어야 하고, 책도 읽어야 하죠. 노력하지 않으면 도태됩니다. 자신을 스스로 변화시키지 않으면 도태될 수밖에 없으므로 그걸 가장 신경 쓰라고 하고 싶습니다.

김지은 : 그러면 정치인으로서 의원님이 느끼는 가장 큰 고충 혹은 아쉬움이 있다면 어떤 게 있을까요?

이용우 : 정치인 혹은 국회의원은 결국 수단입니다. 내가 만

들고 싶은 세상에 대한 목표가 있다면 그걸 만들어내기 위해 국회의원이라는 자리 혹은 수단이 필요한 거죠. 국회의원이라는 자리가 목표가 되어서는 안 됩니다. 하지만 그걸 혼동하는 사람들이 있어요. 그래서 국회의원이 되는 순간 태도가 돌변하는 사람도 생기고요. 하지만 목표가 분명하다면 바쁠 수밖에 없습니다. 그 수단을 유지하려면 남들보다 부지런해질 수밖에 없거든요. 새벽에 좀 일찍 나오고 혼자 생각도 하고 그러는데, 어떤 때는 너무 바빠서 생각을 정리할 시간이 없는 것이 너무 아쉽죠. 우리 사회도 정치인들에게 그런 여유를 주지는 않거든요.

김지은 : 정치 냉소 혹은 혐오가 심해지고 있는데 국민이 정치에 대해서 오해하고 있다고 느끼는 부분이 있으시다면 어떤 게 있을까요?

이용우 : 국회의원들이 정말 시간을 쪼개서 일을 많이 하고 있어요. 성과가 없는 것도 있지만 서로의 갈등을 조율하기 위해서 많은 일을 하고 있고요. 언론에서는 싸우는 것만 부각하지만 꼭 그런 것만은 아니라는 말씀을 드리고 싶어요. 법 하나하나 다 챙기기 위해서는 그만큼 사람을 많이 만나야 하거든요. 그런 과정 자체를 제대로 설명하지 못하는 것도 사실

은 정치인들의 잘못이죠. 결국에는 정치인들이 국민과 제대로 소통하지 못하기 때문에 발생하는 문제가 크다고 생각합니다.

김지은 : 아주 긴 시간은 아니긴 하지만 의원님이 정치를 통해서 이루고자 했던 것 중 이룬 것과 이루지 못한 것이 있다면 어떤 게 있을까요?

이용우 : 실제로 자본시장이나 공정거래 쪽에서는 제법 변화가 생기기 시작을 했어요. 작은 변화이긴 하지만 이제 시작이라고 생각합니다. 하지만 사람 욕심이란 게 있어서 조금의 변화가 보이면 더 큰 변화를 원하기 마련이다 보니 아쉬움이 남기는 하는데요. 그래도 할 만큼은 하는 게 아닌가 생각합니다.

김지은 : 정치를 계속하고자 하는 이유가 있으신가요?

이용우 : 제가 만들고 싶은 세상이 있는 거잖아요. 그걸 하는 데 있어서 제가 할 여력이 되면 해야죠. 그러니까 꿈이라든지, 우리 사회가 어떻게 되면 소망하는 바가 있으니까. 누구라도 자기가 소망하는 바가 있으면 그걸 달성하기 위해서 움직여야 하는 거로 생각합니다.

김지은 : 그러면 의원님이 만들고 싶은 세상은 어떤 세상인가요?

이용우 : 공정한 시장을 통해서 새로운 도전을 많이 할 수 있는 역동적인 사회, 역동적인 경제를 만드는 것이 제가 만들고 싶은 세상입니다.

김지은 : 그러면 한국 정치의 가장 큰 문제는 무엇이라고 생각하시나요?

이용우 : 낙인찍는 거죠. 사회가 그러하듯 정치인들도 굉장히 다양한 사람들입니다. 어떤 부분에서 모자라는 것도 있고 어떤 부분에 있어서는 굉장히 깊이도 있죠. 입체적인 존재들을 낙인찍어서 평면적으로 만들어 버리면 정치적으로 대변되는 사람들도, 정치를 통해서 만들어 갈 우리 사회도 그렇게 되어버립니다.

김지은 : 의원님께서 존경하거나 롤 모델로 삼는 정치인이 있으신지요?

이용우 : 김대중 대통령을 가장 존경합니다. 그분은 굉장한 이상론자이면서도 현실론자셨고, 꿋꿋하게 역경을 하나씩 하나씩 이겨내며 결과적으로 더 나은 대한민국을 만들어낸 대통령이 아닌가 싶습니다.

이쌍규 : 김대중 대통령께서는 상대적으로 저평가됐다는 느낌도 있지 않습니까?

이용우 : 그런 부분도 있지만, 저는 굉장히 잘하셨다고 생각하고요. 상대적으로 저평가된 분들을 굳이 꼽아보자면 저는 김영삼 대통령도 금융실명제와 하나회 해체 같은 굵직굵직한 일을 해낸 분으로서 높게 평가합니다. 노태우 대통령도 북방외교, 중국 수교 같은 것은 보수주의자이기 때문에 더 쉽게 할 수

있었을 것 같지만 그것이 결국 우리 경제발전에 미친 영향이 상당하다는 것은 부정할 수 없을 겁니다. 물론, 이건 경제만 생각했을 때 그렇다는 거고요. 정치적으로는 상당히 문제가 많은 사람이었다는 것도 분명하죠.

김지은 : 우리나라 대통령들의 말로가 다 좋지 못했다는 평가가 많은데, 왜 그렇다고 생각하시나요?

이용우 : 항상 그렇습니다만 사람은 모든 걸 본인이 다 했다고 생각하는 경향이 있어요. 야구에 비유해보자면 2번 타자는 2번 타자의 역할을 잘하면 되고요. 3번 타자는 3번 타자의 역할을 해주면 됩니다. 그런데 자꾸 본인이 능력도 안 되면서 4번 타자도 하려고 하고 투수도 하려고 해요. 정치는 어떻게 보면 어떤 세력이 어떤 과제를 얼마나 잘 수행해내느냐의 문제인데 그걸 본인 한 사람이 다 해낸다고 생각하니 부담이나 책임도 커지고, 실수도 잦아지는 것 같습니다.

김지은 : 혹시 의원님이 과거로 돌아가서 정치를 시작하기 전의 이용우에게 '정치는 이것이 아니라 이것이다'라고 한마디 해주신다면 뭐라고 해주시겠습니까?

이용우 : 정치는 죽이는 게 아니고, 살리는 것이다. 그렇게

얘기해주고 싶어요. 어떤 현상이 있을 때 잘못됐다고 할 게 아니고 조금 더 넓게 생각해서 활로를 열어주는 거죠. 민생이 어려우면 민생을 살리는 방법은 뭘까? 상대방이 잘못하고 있으면 비난하는 방법 말고 함께 해결해 나가는 방법은 무엇인가를 고민하라고 말해주고 싶습니다.

김지은 : 사실 그런 고민보다는 진영논리를 따른 것이 좀 편한 선택이지 않습니까?

이용우 : 편하긴 하죠. 그러나 모든 사람이 다 같을 수는 없잖아요? 미국 민주당이 뉴딜 때 굉장히 다양한 스펙트럼의 새로운 연합을 만들어 냈어요. 그 안에 다양한 그룹이 있고 각각의 리더들이 있었습니다. 그렇게 모인 사람들을 한목소리만 내도록 하면서 진영논리로 몰았다면 정치적으로 그 어떤 효능감效能感도 느끼지 못해서 금방 해체되었을 겁니다. 대중으로부터 괴리만 생길 테니까요. 수없이 많은 목소리가 투영되고, 그 안에서 나의 목소리도 의미 있게 관철되면서 조율이 이루어지면 효능감이 생기잖아요. 내가 아무리 목소리를 내봐야 의미 없이 지워진다면 지지를 보내기 힘들어지는 거고요. 대중의 지지를 얻기 위해서는 그런 효능감을 주어야 한다고 보기 때문에 집권을 목표로 하는 정당은 당

원만의 정당이 되기보다는 국민의 정당으로 자리 매김해야 하는 거로 생각합니다.

이쌍규 : 개딸로부터 공격을 받으신 적이 있습니까?

이용우 : 많죠. 워낙에 차단을 많이 해놔서 별로 신경도 안 쓰긴 합니다. 인터넷 댓글도 잘 안 보려고 하고요.

이쌍규 : 그럼 친명도 아니고 반명도 아니다?

이용우 : 저는 제 소신대로 움직일 뿐이지 무슨 친명이니 반명이니 하는 것에 관심도 없고, 누구 밑에 들어간다고 생각하지 않습니다.

김지은 : 지금 민주당의 당심과 민심의 괴리가 있다는 얘기가 나오는데 그 이유는 무엇이라고 생각하시나요?

이용우 : 아직도 우리의 목표가 무엇인지, 우리가 누구를 위해 존재하는지에 대한 생각부터 사람마다 매우 다릅니다. 정당은 당원이 주인이니까 민심은 무시해도 된다고 하는 사람들이 있어요. 그걸 아주 극단적으로 이야기하면 국고보조금도 받지 말고 당비로만 운영하는 것이 맞죠. 하지만 우리나라 헌법상 정당은 헌법에서 인정하는 단체이기 때문에 국민에게도 주권이 존재해요. 그 부분에 있어서 적절한

긴장 관계가 필요하다고 저는 생각하고요. 그러면서 국민의 눈높이에서 판단해야 집권할 가능성도 더 높아질 것으로 생각합니다.

김지은 : 내년 총선에서 민주당이 내세웠으면 좋겠다고 생각되는 공약이 있으신가요?

이용우 : 많습니다. 상법도 있고요. 그중에서도 제가 줄기차게 주장했던 주치의 제도를 도입했으면 좋겠다고 생각합니다.

김지은 : 국민 주치의는 무엇인지 설명 부탁드립니다.

이용우 : 어르신들이 몸이 약화하면서 사고도 자주 나고 자주 아프시고 그러잖아요. 주치의 제도가 도입되면 종합병원을 찾기보다는 왕진을 통해서 증상이 뭔지도 확인할 수 있고, 처방도 받을 수 있게 되거든요. 그렇게 되면 종합병원들의 부담도 줄어들고 지역의 작은 병원들도 주치의 등록을 받으면서 어느 정도의 소득도 낼 수 있어서 원원win-win이라고 생각합니다.

이쌍규 : 재원은 어떻게 마련하나요?

이용우 : 국민 의료보험이나 복지부 예산을 활용해야겠죠.

하지만 들어가는 재원보다 중요한 건 현재 들어가는 사회적 비용이라고 생각합니다. 지금의 체제를 유지하면 대형병원의 명의를 찾는 의료 쇼핑의 문제도 해결할 수 있고, 혈압, 혈당 등의 기본 정보도 확인하면 되기 때문에 의료 부담이 줄어듭니다. 공공의료기관 혹은 정책의 부재로 인해서 민간 의료의 부담을 줄일 수도 있고요. 이런 정책을 통해서 의료 사각지대를 해소하고 위기 상황에 대응할 수 있는 의료체계를 배양함으로써 헌법이 보장하는 국민의 기본 권리를 실현할 수 있을 것으로 생각합니다. 하지만 의료계의 반발도 있을 수 있고, 제도적으로 안착하는데 시범적으로 운영을 해봐야 해서 60세 이상부터 일부 과목에서만이라도 실시를 해보는 것도 방법이라 생각합니다.

이쌍규 : 어르신들의 호응이 있겠네요.

이용우 : 그래서 지난 대선에서 여야가 모두 공약으로 내걸기도 했습니다. 하지만 아직 이루어지진 못하고 있죠. 제가 당선되어서 처음 임기를 시작하고 국민주치의 이야기를 꺼냈는데 얼마 안 있어서 코로나가 터졌어요. 그래서 주춤하다가 오히려 코로나로 인해서 더 관심을 받기 시작했습니다. 그게 국민생활과 연결이 되고, 의료체계의 문제와 보험 문제

까지 모두 연결이 되기 때문에 우리 사회에 큰 변화를 끌어낼 거로 생각합니다.

이쌍규 : 민생문제에 있어서 꼭 추진하고 싶은 것 한 가지가 더 있다면 어떤 게 있으신가요?

이용우 : 급한 것부터 말씀드리자면 현재 코로나 때문에 정부가 지원해준 긴급대출의 만기가 도래하고 있거든요. 은행 같은 경우에는 약간의 연체가 있더라도 카드의 리볼빙처럼 조금씩 탕감할 여유를 줄 수 있습니다. 하지만 국세청은 그런 부분에 있어서 상당히 보수적이에요. 사후적으로 부실이 났으면 부실채권을 20~30%에 매각해버리면 끝나요. 그런데 사전적으로 그것을 판단해서 50%를 원금감면해서 채무조정을 해주면 어떤 일이 벌어질까요? 국세청에서는 감면한 50%를 비용으로 인정하지 않고 세금을 매길 겁니다.

어차피 부실채권이 될 것이라 예상되는 채권에 대해서는 이자를 낮춰주거나 어느 정도 탕감을 해주면 선제적 채무 조정이 가능하거든요. 그런 실질적인 정책들이 당장 필요하다고 생각합니다.

이쌍규 : 의원님께서 말씀하시는 기본자산이라는 건 기본소득과는 다른 개념이죠?

이용우 : 아주 다릅니다. 기본소득은 최근에 유럽의 실험 결과 등을 보면 근로의욕을 떨어뜨리고 기대했던 것과는 결과가 많이 다르게 나오는 것을 확인할 수 있습니다. 그리고 기본소득을 주장하는 쪽에서 주로 이야기하는 것이 선별적 복지에서 '선별'에 들어가는 과정의 비용이 너무나도 크기 때문에 그냥 일괄적으로 모두에게 주는 것이 경제적이라고 하는 건데요. 그렇게 되면 상당한 재원의 문제가 발생할 수 있습니다.

반면에 제가 발의한 청년 기본자산 법은 아이가 태어날 때부터 18세까지 정부가 매달 20만 원씩 비축을 해뒀다가 아이가 18세 이후에 학업 또는 창업을 하거나 집을 구하는 등의 자산을 확보하고자 할 때 찾을 수 있도록 해주는 제도거든요. 그렇게 되면 1년에 재원이 한 20조 정도 들어갑니다. 그리고 이렇게 모인 자산의 운용 주체를 국민연금으로 하게 된다면 국민연금이 고갈되는 문제에 대한 보완 효과도 기대할 수 있을 겁니다.

기본소득이라고 해서 0세부터 매월 20만 원씩 주는 것보다는 20만 원씩 18년을 모아서 세후 6천 300만 원 정도를 찾을 수 있게 해서 그걸 기반으로 사회 첫걸음을 뗄 수 있도록 하는 것이 더 공정한 사회로 나아가는 데 도움이 되지 않을까 생각합니다.

또 한 가지 중요하다고 말씀드리고 싶은 것은 기본주택입니다.

이쌍규 : 기본주택은 어떤 개념인가요?

이용우 : 헌법에 주거 기본권 조항[69]이 있고 이에 근거한 것이 있습니다. 거기에는 국가가 양질의 주택 건설을 촉진하고, 임대주택 공급을 확대할 의무가 있다고 명시하고 있어요. 그런 국가의 의무를 다하기 위해서 여러 가지 방법을 고민해볼 수 있는데요. 요즘은 완공된 미분양 아파트들이 많이 나오지 않습니까? 그거를 반값에 사들여서 청년과 신혼부부가 쓸 수 있게 공급해주고 임대료를 받는 겁니다. 그런 식으로 있는 자원을 최대한 활용해서 큰돈 들이지 않고 할 수 있는 것들이 있거든요. 지금 도시주택기금의 여유자금이 한 30조 됩니다. 국가 차원에서 부동산을 매입하는 거니까 없어지는 돈도 아니잖아요. 원가가 작으면 임대료를 적게 받아도 수

---

69 **헌법 35조 3항.** 국가는 주택개발정책 등을 통하여 모든 국민이 쾌적한 주거생활을 할 수 있도록 노력하여야 한다.

익도 발생할 수 있고요. 그런 제도의 도입도 생각
해 볼 필요가 있습니다.

주거기본법

제1조(목적) 이 법은 주거복지 등 주거정책의 수립 · 추진 등에 관한 사항을 정하고 주거권을 보장함으로써 국민의 주거안정과 주거수준의 향상에 이바지하는 것을 목적으로 한다

제2조(주거권) 국민은 관계 법령 및 조례로 정하는 바에 따라 물리적 · 사회적 위험으로부터 벗어나 쾌적하고 안정적인 주거환경에서 인간다운 주거생활을 할 권리를 갖는다.

제3조(주거정책의 기본원칙) 국가 및 지방자치단체는 제2조의 주거권을 보장하기 위하여 다음 각 호의 기본원칙에 따라 주거정책을 수립 · 시행하여야 한다.

1. 소득수준 · 생애주기 등에 따른 주택 공급 및 주거비 지원을 통하여 국민의 주거비가 부담 가능한 수준으로 유지되도록 할 것

2. 주거복지 수요에 따른 임대주택의 우선공급 및 주거비의 우선지원을 통하여 장애인 · 고령자 · 저소득층 · 신혼부부 · 청년층 · 지원대상아동(「아동복지법」

제 3조 제 5호에 따른 지원대상아동을 말한다) 등 주거 지원이 필요한 계층(이하 "주거지원필요계층"이라 한다)의 주거수준이 향상되도록 할 것

3. 양질의 주택 건설을 촉진하고, 임대주택 공급을 확대할 것

4. 주택이 체계적이고 효율적으로 공급될 수 있도록 할 것

5. 주택이 쾌적하고 안전하게 관리될 수 있도록 할 것

6. 주거환경 정비, 노후주택 개량 등을 통하여 기존 주택에 거주하는 주민의 주거수준이 향상될 수 있도록 할 것

7. 장애인·고령자 등 주거약자가 안전하고 편리한 주거생활을 영위할 수 있도록 지원할 것

8. 저출산·고령화, 생활양식 다양화 등 장기적인 사회적·경제적 변화에 선제적으로 대응할 것

9. 주택시장이 정상적으로 기능하고 관련 주택산업이 건전하게 발전할 수 있도록 유도할 것

이쌍규 : 의원님 책에서 보니까 한국판 뉴딜을 해야 한다고 하셨는데, 의원님이 생각하는 한국판 뉴딜은 어떤 겁니까?

이용우 : 우리 문재인 정부가 뉴딜 정책을 추진할 때는 너무 많이 나간 것 같고요. 뉴딜[70]이라고 할 때는 크게 세 가지를 이야기해야 합니다. 릴리프 Relief 구제 죠. 그다음에 리커버리 Recovery 회복, 그리고 리폼 Reform 개혁입니다. 코로나 19가 왔을 때 국민에게 필요한 건 릴리프 즉, 구제였습니다. 그런데 이보다는 더 나아가 리커버리나 리폼 이야기를 했어요. 그러니까 국민의 정서와 괴리가 생길 수밖에 없었 죠. 그 당시에 릴리프는 코로나 긴급자금지원입니다. 그것을 제대로 안 했잖아요. 그게 제대로 되었어야 리커버리가 되면서 경제가 정상화되는 겁니다. 리폼은 아예 딴 나라 이야기죠. 오늘 하루 벌어 하루 먹기 힘든데 1년 뒤에나 될까 말까 하는 소리를 하니까 멀어진 겁니다. 그때는 릴리프에 중점을 뒀어야 해요. 그리고 실제로 뉴딜의 핵심은 사회적 합의입니

---

70 **뉴딜(New Deal).** 1929년 터진 대공황이라는 초유의 경제적 비상사태를 맞닥뜨린 프랭클린 D. 루스벨트 대통령 집권기 미국이 이에 대처하기 위해 1933년부터 1938년까지 내놓은 일련의 정책들을 말한다.

다. 루스벨트의 뉴딜이 성공할 수 있었던 건 테네시 강 유역 투자를 감행해서가 아니라 노사 합의를 통한 노동 개혁을 성공적으로 이루어냈기 때문입니다. 사회적 합의를 끌어낸 거죠. 우리도 그런 새로운 사회적 합의에 대한 논의가 필요한데 지금은 말도 꺼내지 못하는 상태이니 매우 안타깝습니다.

이쌍규 : 그러면 끝으로 지역 주민들에게 한 말씀 해주시기를 바랍니다.

이용우 : 우리 지역 자체가 아이를 키우기 정말 좋은 동네이 긴 하지만 좋은 일자리가 많이 없어서 서울로 출퇴근하시는 분들이 많습니다. 그러다 보니 출퇴근길이 많이 막히고요. 이제부터라도 일자리가 많이 만

들어지고, 직주근접職住近接의 삶을 많은 분이 누릴 수 있는 도시로 탈바꿈하는 데 최선을 다하겠습니다.

3부

의원회관
313호

인터뷰어 : 김지은

CHAPTER.03

소용훈 | 사무국장

이승현 | 보좌관

한 진 | 비서관

소용훈 사무국장

김지은 : 본인 소개 부탁드립니다.

소용훈 : 저는 더불어민주당 고양 정 이용우 지역 사무실에
사무국장을 맡은 소용훈이라고 합니다.

김지은 : 지역 사무실 일이라 하면 주로 어떤 일을 좀 많이
하시는 편인가요?

소용훈 : 국회의원은 국회의 일이 따로 있고, 지역의 일이 따
로 있습니다. 국정도 하시지만, 지역 주민을 위해
서도 일을 해야 하거든요. 저는 지역의 업무를 주
로 담당합니다. 지역을 어떻게 발전시킬 것인지를
최우선으로 다루고요. 지역의 민원을 청취하고, 주
민들과 이야기도 나누면서 정서적 유대감도 만들
고 하는 것들도 중요하게 생각하고 해나가고 있습
니다.

김지은 : 대한민국의 모든 의원에게 있어서 지역 사무실의 목소리를 듣는 것이 가장 중요한 것 아닐까요? 그게 유권자의 표와도 연결되는 부분이라서...

소용훈 : 물론 그럴 수 있습니다. 하지만 국회의원이 자기 지역 민원만 듣고, 자기 지역 예산만 끌어오려고 하면, 대한민국의 전체적인 발전을 저해할 수 있을 겁니다. 그것이 어떤 지역적 차별 혹은 분쟁도 유발할 수 있을 것이고요. 그래서 대한민국 전체를 바라보고 일을 하면서도 지역을 챙길 수 있도록 도움을 주는 것이 저의 역할이라고 생각합니다.

김지은 : 어찌 보면 지역민의 아쉬운 소리나 쓴소리도 다 현장에서 듣고 계시는 거군요.

소용훈 : 그렇죠. 정치인들은 아무리 잘해도 욕바가지일 수밖에 없어요. 그것이 자기 책무이기도 하고요.

김지은 : 이용우 의원님 전에 다른 분을 모신 적이 있으신가요?

소용훈 : 아니요. 저는 이번이 처음입니다.

김지은 : 그러면 처음에는 좀 어려움도 많으셨겠네요.

소용훈 : 그래도 저는 고양에 한 20년 살았고, 더불어민주당

에 대한 제 나름의 소신과 철학 같은 게 있었고, 그리고 이용우 의원님을 총선 때 도우면서 자연스럽게 일을 같이하게 되었습니다.

김지은 : 보좌관으로서 가장 큰 어려움이 있다면 어떤 게 있을까요?

소용훈 : 저희 의원님께서는 중앙에서 참 좋은 일들을 많이 하십니다. 자타가 공인하는 경제전문가로서 입법도 굉장히 활발하게 하시고요. 하지만 이걸 지역 주민들에게 잘 알릴 방법이 없어요. 중앙에서 보면 정말 우리 경제의 흐름을 바꿀 수 있는 큰 입법이고 한데, 그게 의원님의 전문성에 기반을 두다 보니 지역에 아무리 홍보를 해도 주민들 마음에 쏙 들게끔 하는게 쉽지 않거든요. 그게 저에게 있어서는 항상 해결해야 할 숙제 같은 겁니다.

김지은 : 사실, 주민분들에게는 교통편 하나 더 놓아주는 것이나 아파트 재건축 문제 같은 게 더 피부로 와 닿을 수 있을 것 같습니다.

소용훈 : 말씀 잘하셨는데, 지금 1기 신도시 리모델링, 재건축 문제 관련해서 의원실에 많이들 찾아오십니다. 재건축하는 사람들, 증. 개축하는 사람들, 아파트 주민분들이 다 합의가 잘 되어야죠. 저희가 의견들

을 현장에서 청취해서 전해드리기도 하고, 의원님께서 직접 단지별로 다니시면서 소통하시고요. 의원님께서 단지별 사안에 대해서 어떻게 하실 것인지를 정해주시면 저희가 거기에 맞게 도와드릴 건 도와드리면서 주민분들의 마음을 얻기 위해서 노력하고 있습니다.

김지은 : 의원님께서 소통을 잘하시는 편이신가요?

소용훈 : 의원님께서 이미지가 좀 딱딱할 거라고 생각이 드시겠지만, 오히려 굉장히 소탈하세요. 그래서 직접 현장에서 소통하시면 하실수록 주민분들도 마음을 많이 여세요. 그런 부분에 있어서 오히려 다른 의원님들보다 효과가 있는 편이시라 현장을 직접 소통을 더 늘려가는 중입니다.

김지은 : 지역에서 가장 많이 들어오는 민원은 어떤 건가요?

소용훈 : 저희 일산의 제일 큰 문제는 교통문제입니다. 서울로의 출퇴근 문제죠. 19대부터도 이 문제가 계속 대두 돼 왔고요. 이걸 어느 한 사람이 해결할 수 있는 문제가 아니라서 고양시의 모든 정치인과 함께 국가정책을 통한 해결을 위해 노력을 하고 있습니다. 서울로의 출퇴근 문제 때문에 야기되는 교통문제 외에도 의원님 지역구 같은 경우에는 도농 복합

지대다 보니 발생하는 지역 내의 교통문제도 존재합니다.

김지은 : 이제 4월 총선이 다가오고 있는데, 선거에서 승리하는 것을 전제하고 지역을 위해서 계획하거나 추진하고 계신 사업들이 있으신가요?

소용훈 : 이용우 의원님 같은 경우에는 크게 구축된 인프라를 채우는 일을 굉장히 중시하십니다. 테크노밸리부터 해서 CJ 라이브 시티 아레나처럼 이미 구축된 인프라를 효율적으로 활용하면서 채워나가는 작업을 계속해나가고 계시거든요. 하지만 이게 주민분들에게는 티가 나지 않을 수 있습니다. 주민분들은 이미 존재하는 인프라를 채우는 것보다 새로운 인프라를 세우는 사람에게 더 표를 주시는 경향이 있거든요. 하지만, 티가 나지 않는다고 하더라도 누군가는 이런 일들을 해나가야 하잖아요. 만약 재선되시면 그렇게 채우는 작업을 완료하시고, 이용우만의 무언가를 만들어내실 겁니다. 그렇게 고양시 전체의 큰 그림을 그려나가며 주민들을 위해 일하는 것이 목표입니다.

김지은 : 지역에 꼭 필요한 일들과 지역에서 표가 되는 말과 행동들이 다를 수 있는데, 이용우 의원님은 너무

필요하다 생각되는 일들에 치중하는 건 아니실까요?

소용훈 : 단순히 선거로만 놓고 보면 그렇습니다. 그게 이상적이라는 측면에 있어서 장점이기도 하지만, 현실적으로 봤을 때 지역 보좌관으로서는 안타까움이 그거죠.

　　　예를 들면, 이런 겁니다. 이용우 의원님은 100% 확실하지 않으면 주민분들에게 먼저 이야기하지 않으세요. 현수막도 공해라고 생각하시고 되도록 최소화하려 하시고요. 상대 당이 현수막 정치한답시고 공격을 해와도 맞대응을 잘 안 하세요. 최근에 옥외광고물법이 바뀌면서 상대가 거는 현수막이 3배가 늘었는데도 주민들 관점에서 그게 공해처럼 느껴지지 않겠느냐는 거죠. 그런 모습들이 자랑이라면 자랑이지만, 보좌관으로서는 매우 힘들죠.

김지은 : 그게 소신이시라 하면 바꿀 수는 없겠네요. 그렇다면 바꿀 수 있는 부분 중에 의원님께서 좀 고칠 수 있는 부분들은 어떤 게 있으실까요?

소용훈 : 우선은 의원님께서 능변가는 아니세요. 전문적인 영역에 있어서 세미나를 열거나 하면 이런 건 정말

잘하시는데요. 지역 주민분들과 소통하는 데 있어서 개선할 부분들이 좀 있어요.

우선, 너무 짧은 시간에 많은 것을 다 설명하려는 욕심이 있으세요. A라는 사안이 있으면 상대는 A에 관한 이야기만 듣고 싶은데, A를 통해서 연쇄적으로 발생할 수 있는 작용부터 해서 국가 전체적으로의 의미, 실제 사례 등등 다 설명하려고 하세요. 그러다 보니 앞에 말이 마무리가 안 되었는데 뒤에 말이 먼저 튀어나오곤 하거든요. 아시는 게 많고, 의욕이 앞서서 그러는 것이지만, 그걸 처음 접하시는 분들은 말이 어눌하다거나 무슨 얘기를 하고 싶은 건지 헷갈릴 수 있습니다. 그래서 말씀을 간단명료하게 하시라고 조언을 항상 드리고 있고요.

다른 하나는 스킨십입니다. 손을 잡아주는 것 정도는 하시는데, 포옹까지는 굉장히 힘들어하세요. 이렇게 손만 잡는 것과 한 번 안아주는 것은 차이가 크거든요. 그런 부분도 제가 늘 말씀드리지만 쉽게 바뀌진 않습니다.

그리고 장점이자 단점이긴 한데, 질문이 참 많으세요. 본인이 모든 분야를 다 알지는 못하잖아요. 그래서 정말 몰라서 질문을 많이 하시는데요. 어떤 분들은 굉장히 좋아해 주세요. 국회의원이 이렇게 물어봐 주시는구나, 관심이 있구나 하고요. 그런데 어떤 분들은 잘 모르는데 계속 질문을 하니까 부담스럽고 힘들어하시기도 하거든요. 그래서 그런 부분도 좀 신경을 써야 하지 않을까 싶습니다.

김지은 : 의원실에서는 내년 총선을 준비하는 마음가짐이나 아니면 계획이 따로 있으신가요?

소용훈 : 저희는 변수는 생각하지 않고, 저희를 상수로만 놓고 준비하고 있습니다. 어떤 후보가 상대로 나올지는 모르지만, 저희가 기본적으로 가진 지지기반에 상대로부터 가져와야 하는 지지층을 분석해서 전략을 세우고 준비 중입니다. 가령, 지난 총선에서는 저희가 한 8.7% 정도로 이겼는데, 그때의 상황과 지금의 상황이 많이 다르기에 당시 저희에게 긍정적으로 작용한 요인들을 상쇄하고 우리가 자체적인 역량만으로 얻을 수 있는 표가 어느 정도인가를 따져보고 그 추정치에 기반해서 움직이는 거죠.

김지은 : 아무래도 소속 정당인 민주당 자체가 큰 변수가 될 수도 있을 텐데요. 그 부분은 현재 어떻게 작용하고 있나요?

소용훈 : 개인적으로는 의원 수가 많다는 것이 좋은 것만 있

는 건 아니라는 생각이 듭니다. 180석이라고 한다면 180명의 의원이 하나의 색채, 하나의 목소리를 갖고 움직인다는 게 말이 안 되잖아요. 그런데도 중앙에서 컨트롤을 하려 하는 부분에 있어서 약간이라도 다른 의견을 내면 그 자체로 너무 힘들게 해요. 저희 보좌진들 같은 경우에 무슨 일이 있을 때마다 사무실로 전화로 수박이니 뭐니, 거기가 지역 사무실이냐? 수박가게냐? 이러면서 온갖 욕설과 조롱에 시달리거든요. 그런 것에 대처하는 일도 저희의 업무이지만 저희도 사람인지라 어떤 때는 속 상하고 화도 나고 그렇습니다.

김지은 : 그렇군요. 그러면 의원님의 장점을 꼽으신다면 어떤 걸 꼽으시겠습니까? 자랑 좀 부탁드립니다.

소용훈 : 너무나도 많은 장점이 있고 또 다른 의원님들에 비해서 기억력이 상당히 좋으십니다. 어디서 누구와 어떻게 어떤 대화를 나누었는지를 깜짝깜짝 놀랄 정도로 기억하십니다. 딱 한 번 스쳐 지나간 분들에 대해서도 세세히 다 기억하시거든요. 그러면서 그 한 사람 한 사람의 관심사를 스스로 공부하십니다. 그래서 혹여나 그 사람을 다시 만났을 때 그 분야에 대해 더 깊은 대화를 하시거든요. 그런 부분이 매우 큰 장점이라고 생각합니다.

김지은 : 마지막으로 지역구 주민분들에게 이용우 의원을 재선시켜야 하는 이유를 말씀해주세요.

소용훈 : 우선, 민주당 당원분들에게 말씀드리고 싶은 게 있습니다. 우리 대한민국의 역사에서 민주당이 걸어온 길을 보면, 민주당은 가장 민주당다웠을 때 승리했습니다. 지금 민주당의 위기라고 많이들 말씀하시는데요. 우리가 다양한 분야 전문가들의 목소리를 들으며 함께 나아갈 때 승리했다는 것을 모두가 아실 겁니다. 그런 민주적인 모습을 보였을 때, 다양성이 존중받았을 때 가장 민주당다웠고, 가장 민주당다웠을 때 승리했습니다. 이용우 의원의 존재가 그런 민주당의 가치를 지키며 승리하는 데 큰 역할을 할 수 있을 것이라 믿고요.

지역구에서는 전문가로서 얼마나 잘 해왔는지 판단해주시길 부탁드립니다. 이전에 제대로 활용되지 못하고 있는 인프라에 기업과 연구소를 유치하는 능력을 갖춘 전문가가 재선되었을 때는 그 기반 위에서 어떤 것들을 해나갈 수 있을지. 단순히 '한 번 더 시켜주시면 잘하겠습니다'라고 말로만 하는 것이 아니고, 지금까지 무엇을 해왔고, 무엇을 하고 있고, 무엇을 해나갈 수 있을지를 판단해보시면 이용우 의원이 여러분과 함께 만들어 갈 일산서구의 발전, 그리고 고양시 전체 발전의 모습이 그려질 것입니다.

이승현 보좌관

김지은 : 자기소개 부탁드리겠습니다.

이승현 : 저는 이용우 의원실에 보좌관으로 일하고 있는 이
승현이라고 합니다. 의원님과는 서울대학교 동기
고요. 금융기관에서 30년 정도 일을 하다가 마지
막에 한투(한국투자증권)에서 같이 있었거든요. 그
러다 의원님께서 정치한다고 했을 때 캠프에 합류
해 지금 이 자리까지 왔습니다.

김지은 : 그러면 보좌관 일은 이번이 처음이시네요?

이승현 : 그렇죠. 저는 사실 정치에 그렇게 관심 있던 층도
아니었고요. 오히려 정치 혐오(?)까지도 있었고요.
그래서 선거에 투표 안 한 적도 많이 있고요. 그러
다 의원님이 정치를 통해 더 나은 세상을 만들겠다
고 하시니 도우러 왔다가 완전히 다른 인생을 살게

되었죠.

김지은 : 보좌관 생활이 처음이라 힘든 일도 많으시겠어요.

이승현 : 그렇죠. 정치조직 활동과 기업조직 활동이 다를 수밖에 없거든요. 성과의 개념도 다르고, 밟아야 하는 절차도 완전히 다르고요. 정책과 입법 활동은 주로 회관에서 이루어지지만, 지역에서의 활동도 굉장히 중요하지 않겠습니까? 그런 부분에서도 저희가 시행착오도 겪어가면서 이 생리를 익히는데 한 1년 정도 걸렸던 것 같습니다.

김지은 : 지역에서 가장 많이 들어오는 민원은 어떤 게 있을까요?

이승현 : 일산 지역은 1기 신도시라 아파트가 오래되다 보니 재건축이나 리모델링 이슈가 크게 하나 있고요. 또 하나는 지역의 일자리가 부족하다 보니 대부분 서울로 출퇴근을 많이 하십니다. 그러다 보니 교통문제도 대단히 큽니다.

김지은 : 그런 부분들에 대해서 어떤 대책을 준비 중이신가요?

이승현 : 사실 부동산과 관련해서는 단순히 개발만 가지고

이야기할 수 있는 부분에 한계가 있습니다. 교통 문제와도 결부되는 부분인데요. 저희는 지역 내에서 일자리를 창출하고 경제를 활성화하는 것을 해결책으로 내세우고 있어요. 일산과 분당의 차이를 놓고 보자면 분당은 집값이 올라가고 일산은 상대적으로 그러지 못했어요. 가장 큰 차이는 분당에는 판교와 같은 벤처 기업들이 생겼고, 일산은 여전히 주민들이 서울로 출퇴근을 해야 하는 상황이 이어졌거든요. 그런 걸 따져봤을 때, 지역 주민들의 삶의 질을 높이면서 재산 가치도 높이는 방법으로 기업 유치와 좋은 일자리를 많이 만드는 것을 저희 정책으로 내걸고 있습니다.

김지은 : 일자리 문제와 부동산 문제, 교통문제가 다 맞물려 있는 거군요.

이승현 : 그렇습니다. 일산이라는 지역이 도시와 농촌이 복합되어 있어요. 처음에 기획할 때는 2, 30만 명이 거주하는 지역으로 계획해서 만들었는데 지금은 110만 명까지 인구가 늘었습니다. 그런데 지역 내에 일자리가 없어서 서울로 출퇴근하는 인구가 계속 늘어나면 교통이 안 좋아지고, 교통이 안 좋으면 주거지역으로서의 가치나 주민들 삶의 질이 떨어지잖아요. 그러면 일자리 문제 해결이 가장 근본

적인 해결책이 되겠죠. 그런 거 없이 아파트만 새로 지으면 더 곪아 터질 거라고 봅니다.

김지은 :　의원님의 가장 큰 장점은 무엇이라고 생각하시나요?

이승현 :　의원님께서는 과거에 1년 동안 보좌관 생활을 하셨어요. 장재식 의원이라고 장하준 교수의 아버님이신데, 그분 밑에서 일을 배우고 그다음에 기업에 뛰어드셨기 때문에 정책을 만들어내는 부분에 있어서 다른 초선의원분들보다 뛰어날 수밖에 없죠. 여기에 30여 년간의 기업 생활까지 하셨다고 보니 그 두 가지 능력이 결합하는 거죠. 즉, 어떤 가치를 현실에서 어떻게 구현할 것인가에 대한 수단적인 부분을 제일 잘 아는 분이십니다. 일부 민주당 의원님 중에는 이념이나 이상만 좇는 분들이 계시거든요. 그러다 보니 정책을 내실 때 현실과는 동떨어지거나 현장에서 받아들이기 힘든 것들을 밀어붙이는 경우가 많아요. 이용우 의원님은 그런 부분들을 중간에서 잡아줄 수 있는 그런 장점이 있다고 생각합니다.

김지은 :　사실, 정치를 하신다고 했을 때, 카카오뱅크 스톡옵션을 포기하고 나오셨잖아요. 시장가치로만 치면

수백억 원을 포기하고 나오신 건데, 그 부분에 관해서 이야기 나눠보신 적 있으신가요?

이승현 : 사실, 처음에 선거 나온다고 했을 때 저도 약간 반대했어요. 아니, 1년만 더 있으면 되는데 그걸 포기하면서까지 정치를 해야 하냐고 물었거든요. 그런데 그렇게 말씀하시더라고요. '이 스톡옵션 자체가 자기 것이 아니라 사회적인 혜택으로 받은 공물이다' 라고요. 개인이 이룬 성과가 아니라 사회로부터 받은 거라고.

김지은 : 보좌관님은 정치인의 자리가 그 정도의 부富를 포기할 만한 가치가 있다고 보시나요?

이승현 : 그건 사람마다 따라 다르겠죠. 저 같으면 당연히 그렇게 선택 안 할 것 같고요. 그래서 제가 사실은 친구지만 의원님을 정치인으로서 존경하는 이유는 그 스톡옵션을 포기했기 때문입니다. 그만큼 정치에 대한 열정과 이루고자 하는 꿈이 굉장히 진정성이 있다는 얘기거든요. 그걸 대체할 수 있을 만큼. 정치를 사욕이 아닌 공공의 목적을 위해서 하신다는 것을 그거보다 더 잘 증명하는 게 어디 있겠습니까? 정책 하나하나 우리 사회가 어떻게 하면 조금이라도 좋은 방향으로 나아갈 수 있을지, 우리

공동체가 어떻게 하면 잘 유지되고 발전할 수 있을지, 이런 부분을 항상 최우선에 두고 행동한다는 것에 의원님도 그렇고 저희도 그렇고 그만큼 떳떳할 수 있는 겁니다.

김지은 : 의원님에게도 쉽지 않은 결정이었겠네요.

이승현 : 그 스톡옵션이 아마 고점을 찍을 때는 400억까지도 갔을 거예요. 그러다 보니 지역에서 오해도 많이 하세요. '아니, 돈이 얼마나 많길래 그걸 포기하냐?'라고들 하시는데, 총선 할 때 재산 신고하는 거 보니까 그렇게 많지도 않더라고요. 어떻게 보면 바보 같다고 할 수도 있죠.

김지은 : 가까이서 모시는 입장에서 의원님의 단점을 꼽아보신다면 어떤 게 있을까요?

이승현 : 저는 정치인은 어느 정도 연예인이 되어야 한다고 생각합니다. 좋은 일을 많이 하기 위해서는 결국에 유권자의 마음을 얻어야 하지 않겠습니까? 그래야 표로 연결되어서 계속 일을 할 수 있고요.

그런데 그게 좀 힘들어요. 일단 나이가 들어 보이시잖아요. 저희가 처음에 선거운동을 할 때 외모적인 이야기를 제일 먼저 꺼내세요. 사실, 젊어서부터 대머리였거든요. 흰머리도 일찍 났고. 근데 염색을 안 하시는 거예요. 그래서 이유를 물어보니까 염색을 하게 되면 피부에 알레르기 반응이 온다고 하더라고요. 그런 고충이 있고요.

또 발음이 정확하지 않고, 목소리가 크지도 않아요. 조곤조곤 말씀하시는데, 발음까지 먹히니까 듣는 사람이 힘들죠. 이야기를 재미있게 끌고 가는 스타일도 아니고 재미없게 논리적으로 딱딱하게 말을 하다 보니까 깊이는 있는데, 상대가 유쾌하거나 신이 나지 않는 거죠. 이런 부분들을 고치기 위해서 많이 노력하고 있고요, 요새는 발음 교정에서부터 다양하게 훈련하고 있습니다.

김지은 : 그렇게 말씀을 전달해 드리면 의원님께서는 잘 받아들이시는 편이신가요?

이승현 : 의원님도 국회의원이 처음이시고 저희는 보좌관 생활이 처음이잖아요. 국회에 와서 보니까 의원님을 영감님, 대장님 이러면서 극존칭을 쓰더라고요. 그런 구조하에서는 제대로 된 얘기를 전달하기 어렵지 않겠습니까? 그래서 제가 제안을 해서 각자 영어 이름을 쓰기로 했습니다. 의원님은 '얀Yan'이라고 불리고, 저는 '션Sean'입니다. 이렇게 하니까 아

들뻘, 딸뻘 되는 직원들하고도 격의 없이 이야기할 수 있게 되더라고요.

김지은 : 그렇다면, 지금 총선 전에 의원님이 바꾸셔야 하는 것이 약간 외부로 보이는 것들과 관련된 것으로 생각하시는 거죠?

이승현 : 그런 것도 있고, 스킨십과 친화력을 많이 개선해야 합니다. 예를 들어 지역민들 만났을 때 단순하게 인사만 하고 마는 것이 아니라 두 손 꼭 잡고 눈 마주치면서 얘기하고, 그분들하고 밥도 열심히 드시러 다니시고 해야죠. 그런 부분에 있어서 아직도 많이 어색해하십니다.

김지은 : 이제 총선이 얼마 남지 않았는데, 의원실에서는 주로 어떤 노력을 통하여 대비하고 계시는가요?

이승현 : 우선, 민주당 내에서 경선을 치르는 것이 기본원칙이기 때문에 권리당원분들의 마음을 얻기 위한 노력을 해나가고 있고요. 인력도 지역에 더 배치했습니다. 저도 매주 금요일이면 지역구로 아예 출근하고요.

김지은 : 요새 민주당 지지율이 예전 같지 않은데, 어떤 부분이 문제라고 생각하시나요?

이승현 : 지금 민주당이 굉장한 위기에 처해있다고 저도 생각을 합니다. 무엇을 위한 정당인지에 대한 존재 이유를 잃어버린 것 같아요. 그런 목적의식이나 가치를 상실하고 다들 권력이나 정파 간의 이해관계가 우선이다 보니까 이런 지경에 오지 않았나 하는 생각이 듭니다. 심지어 위기의식마저 느끼지 못하다 보니 쇄신도 어렵고요. 상대적으로 정부나 여당이 워낙 못하다 보니까 유지가 되는 거죠. 그래서 적대적 공생관계라고도 하잖아요. 그래서 이 구도가 하루빨리 깨졌으면 하는 마음이 간절합니다. 제가 누구 보좌관이고 아니고를 떠나서, 우리나라 정치가 제대로 되려면 그 구도가 빨리 깨져야 하지 않을까 싶네요.

김지은 : 지역 구민들에게 의원님의 장점을 소개한다면 뭐라고 하시겠습니까?

이승현 : 우리 의원님은 정치를 순수한 마음으로 시작하셨습니다. 사심을 채우려고 했다면 충분히 다른 길을 택할 수 있으셨고요. 대한민국 경제발전을 위해서 일관된 목소리를 내며 한길을 걷고 계십니다. 일희일비하면서 상대를 비난하며 표를 얻는 정치가 아니라 국회의원의 본분을 지키며 의정활동을 해오셨습니다. 민주당을 바꾸기 위해서

라도 이용우 같은 의원이 꼭 있어야 하고요. 빈부격차 해소라던가 공정사회를 만들어 우리나라의 지속가능성을 제고할 해결책을 찾아 줄 수 있는 사람이 바로 이용우입니다. 그러므로 이용우 의원님이 꼭 재선되어야 한다고 생각합니다.

한진 비서관

김지은 : 자기소개 먼저 부탁드리겠습니다.

한 진 : 네. 저는 이용우 의원실에서 회계와 일정을 담당하는 한진 비서관입니다.

김지은 : 의원실 생활은 언제부터 하셨나요?

한 진 : 2012년부터 국회에서 생활했고요. 그전에는 김현미 장관님하고 같이 일을 했었습니다.

김지은 : 비서관으로서 일할 때 가장 어려운 점이 있다면 어떤 게 있을까요?

한 진 : 처음에는 워낙 이쪽 분야가 생소하니까 적응하는 게 힘들었고요. 보좌진으로서 힘든 거는 일단, 워라밸이라는 걸 기대하기는 힘들어요. 의원님이나 의회가 돌아가는 상황, 지역이 돌아가는 어떤 일정에

따라서 보좌진들이 일정을 맞춰나가야 해서 어떤 개인적인 약속이나 계획을 길게 잡기가 어렵죠.

김지은 : 비서관님이 보시기에 국회의원은 24시간 중 몇 시간을 일한다고 보시나요?

한 진 : 의원님마다 다를 수는 있겠지만 한 일곱, 여덟 시간 빼고는 다 일을 하시는 것 같아요.

김지은 : 비서관님이 생각하시기에 가장 많이 들어오는 민원은 주로 어떤 것들인가요?

한 진 : 회관 쪽은 아무래도 상임위나 정책 관련된 민원들이 많습니다. 저희가 정무다 보니까 소액주주라든지 금융 관련해서 피해를 보신 분들, 사기를 당하신 분들, 어떤 불합리한 내용이 있으니 좀 고쳐 달라는 민원들이 많이 들어오고요. 그다음에는 당차원에서 오는 민원들이 좀 있어요. 민주당 당원분들도 저희보고 '너희 제대로 해라,' 반대쪽에서도 '너희 제대로 해라' 이런 식인 거죠.

김지은 : 의원님의 장점을 하나 꼽자면 뭐라고 하시겠습니까?

한 진 : 굉장히 성실하세요. 다른 의원님들과 비교해서도

굉장히 성실하신 편입니다. 모든 활동에 최선을 다하시고요. 제가 아까도 말씀드렸듯이 매일 새벽 4시 반이면 일어나시는 것으로 알고 있어요. 4시 반이나 5시쯤 일어나셔서 언론이나 신문 같은 거 다 시청하시고, 기사 읽으시고, 6시 반이면 집에서 나와서 출근하시고, 언론에 오르내리거나 쟁점이 되는 문제들을 혼자 공부하신 다음에, 7시 반부터 조찬 회의나 간담회를 시작할 때도 있고, 9시부터는 국회 업무가 시작될 때가 있는데 그런 일정에 절대 빠지지 않으려고 노력하세요. 실제로 본회의 출석률 100%, 상임위도 100%입니다. 특위 같은 경우에는 저번에 한번 편찮으셨나? 어떤 일이 있어서 부득이하게 빠질 수밖에 없으셨는데요. 그 외에도 인터뷰가 있다거나 간담회가 있다거나 지역에서 민원이 있다거나 하면 매사 모든 거에 굉장히 성실하게 임하십니다.

김지은 : 그러면 단점은 뭐라고 생각하시나요?

한 진 : 성격적인 부분보다는 본인을 좀 못 가꾸신다는 거? 국회의원이라는 거는 본인의 행보도 중요하지만, 결국에 그것이 표로 연결이 되어야 하잖아요. 그러려면 사람들한테 보여주는 모습도 되게 중요하거든요. 아무리 이 사람이 좋은 생각이나, 맞는 생각,

똑똑한 생각을 하고 있다 하더라도 유권자들에게 그것이 마음에 와닿으려면 외형적인 것도 매우 중요하거든요. 이게 기업에서 계속 활동하셨던 분이라서 그런지 그런 부분에서 조금 약하다는 생각입니다.

옷도 좀 소탈하게 입으시고 본인 성격대로 털털하게 티에 청바지 입고 다니시긴 하는데, 그걸 좋게 봐주시는 분들도 계시지만 '국회의원이 왜 저렇게 아무렇게나 하고 다녀?' 이렇게 말씀하시는 분들도 계시거든요. 그럴 때마다 저희 보좌진들은 의원님도 하나의 상품이니 유권자들이 보기에 좋은 상품처럼 보여줬으면 좋겠다고 말씀을 드리죠. 그렇게 말씀을 드렸을 때 의원님께서는 상품의 본질이 더 중요하다고 말씀하시긴 하지만 저희는 그래도 그걸 어떻게든 바꿔내야 하는 상황이다 보니 계속 부딪힐 수밖에 없죠.

그다음으로는 화법에 대해서도 저희가 고민을 많이 하고 있습니다. 시간제한 없이 길게 앉아서 이야기를 나누어 본 분들은 의원님에 대해서 굉장히 좋게 봐주세요. 긴 시간 편하게 이야기하다 보면 의원님이 무슨 생각으로 어떤 일들을 해 나가실 것인가에 대해 이해하실 수 있거든요. 그런데 언론

인터뷰나 어디 가서 마이크를 잡고 얘기할 때는 시간이 제한적이다 보니까 그렇지 못한 경우가 많아요. 요점만 정리해서 귀에 쏙쏙 들어오게 해야 하는데 그게 잘 안되시거든요. 생각이 많고 그걸 다 전달하고 싶은 욕심(?)이 있어서 그러신 건데 그런 부분들이 단점이라면 단점이죠.

김지은 : 지역구에서 스킨십이 좀 부족하다는 평가도 있으시더라고요.

한 진 : 되게 샤이Shy 하신 편이에요. 정치인으로서. 좀 쭈뼛쭈뼛하는 부분도 있어서 오해도 많이 사시고요.

김지은 : 오해라는 건 어떤 건가요?

한 진 : 농담을 건네실 때 상대가 농담인지 모르는 때도 있고요. 짧고 간결하게 말씀하시는 편이시라 '싸가지 없다?'라는 느낌을 주실 때도 있습니다. 막 포옹도 하고 스킨십도 하고 그러지 않으시니까 그거에 익숙하신 분들은 또 자기를 싫어하나 생각도 하시고요. 그런데도 눈높이를 맞춰주시는 건 잘하세요.

김지은 : 그게 무슨 뜻이죠? 예를 들어서.

한 진 : 동네 분들을 만나실 때, 명함을 주거나 인사를 할 때

보면 상대가 앉아있을 때 본인 키가 크니까 무릎을 꿇고 앉아서 눈높이를 맞춰주시는 경우가 대단히 많아요. 90도로 허리를 굽힐 때도 많고요.

김지은 : 이용우 의원님을 아는 젊은 층에서는 전 카카오뱅크 대표로 어마어마한 스톡옵션을 포기한 사람으로 알려져 있거든요. 그래서 그런 생각을 하시는 분들도 계시더라고요. 대체 돈이 얼마나 많으면(?) 그걸 포기하냐고.

한 진 : 저도 그렇게 생각했어요.

김지은 : 실상은 어떻습니까?

한 진 : 제가 회계를 본다고 말씀을 드렸잖아요. 그래서 후보님 출마하실 때 재산신고 문제가 제일 걱정되었거든요. 재산이 많으면 정리할 게 그만큼 많을 거로 생각했거든요? 굉장히 다양하고 복잡한 재산들이 있을 테니까요. 그래서 세무사나 회계사의 도움을 요청해야 할 수도 있겠다 싶었어요. 그런데 막상 열어보니까 땅 없지, 집 하나밖에 없지, 주식 하나도 없으시지. 그래서 '이게 뭐지? 그러면 혹시 자녀? 사모님?' 그래서 뒤져보니까 거기도 마찬가지더라고요.

김지은 : 미련한 질문 같지만, 포기하신 게 따져보면 수백억 원어치잖아요. 나쁘게 일해서 번 돈도 아니고 수백억의 현금을 포기할 정도로 의원의 자리가 가치가 있는 걸까요?

한 진 : 저는 죽었다 깨어나도 저렇게 안 해요. 내가 자식이라면 아빠 바짓가랑이 물고 늘어져서 못 하게 할 거고요. 부인이라도 절대 용납 못 할 거고요. 미쳤다고 생각해요. 지금도 가끔 내 돈도 아닌데 아까워요. (웃음)

김지은 : 같이 일하는 팀원으로서 의원님 깨알 자랑을 하나 해주신다면?

한 진 : 일단, 똑똑한 사람? 그리고 동물적인 감이 남달라요. 사업을 할 때도 그런 감각으로 성공하시지 않았을까 싶은데요. 그냥 단순히 지식만 가지고 계신 것이 아니라 그것을 바탕으로 해서 지금 이걸 짚어야겠다. 아니면 이건 좀 이상한데? 다른 쪽으로 가보자. 저희가 처음에 개원했을 때는 이해를 못 했었어요. 처음 들어보는 얘기들을 자꾸 꺼내시니까. 그런데 그게 3개월이나 9개월 정도 지났을 때 결국 그게 굉장히 뜨거운 이슈로 부상을 하더라고요. 우리가 처음 착수했을 때는 언론에서도 생소하니

까 받아주지 않고 우리도 이거 지금 하는 게 맞나 싶었던 것들이 갑자기 이슈화되어서 터지는 거죠. 그게 정말 타고난 감각인 거죠. 저러니까 사업적으로도 정점을 찍으셨겠구나 하는 생각도 들고요.

김지은 : 그러면 이용우 의원이 꼭 재선되어야 하는 이유로 어떤 걸 꼽으시겠어요?

한 진 : 이용우 의원님은 본인을 생각해서 정치를 하시는 분이 아니세요. 오히려 본인이 가진 기득권을 포기하고 이 길에 들어선 거잖아요. 국민을 위해, 약자를 위한 정치를 해나가고 계신 겁니다. 또 민주당에 반기업 정서가 있다고들 하는데 이용우 의원님의 경우에는 기업인 출신으로서 기업들이 현장에서 실제로 필요한 부분들을 많이 챙기십니다. 이건 이 사람만이 할 수 있는 영역이에요.

김지은 : 그걸 지역 유권자분들이 좀 알아주셔야 할 텐데.

한 진 : 정치에 관심이 많으신 분들은 저희를 지켜봐 주시고 하면서 알게 되는데, 경제의 큰 줄기를 바꾸어 나가는 일들이 당장 내 삶에 크게 영향을 미치지 않는 이상 일상까지 와 닿는 데 시간이 걸리죠. 저도 그랬었는데요. 뭐, 재건축, 재개발, 교통, 지하철 이렇게 티가 나는 것들만 일을 하는 것으로 생각하

는 경향이 있죠.

김지은 : 그러면 다음 총선에서는 어떤 것으로 승부를 보실 계획인가요?

한　진 : 일단 늘 그래왔든 최선을 다할 겁니다. 지금까지 의정활동을 하시면서 코로나 때문에 사람들을 많이 만나지 못했는데, 적어도 지금까지 만나온 분들에게 우리 의원님은 거짓말을 하거나 안 되는 걸 된다고 한 적이 단 한 번도 없어요. 정확하고 명확하게 이런 부분은 이렇게 풀었으면 좋겠고, 그 부분에서 내가 노력으로 도울 수 있는 부분은 어떤 부분이고, 그 부분에 있어서는 늘 최선을 다하는 모습을 보여주시거든요. 그런 진정성으로 승부를 보려고 합니다.

겉으로 볼 때는 다가가기도 어렵고, 스킨십도 없고, 매력적이지 못한 사람처럼 보일 수 있겠지만, 제가 3년간 옆에서 같이 일을 하면서 지켜봐 온 바로는 이런 분이 정치해야 한다고 생각해요. 제가 느끼는 것들을 우리 일산서구 고양 정에서도 알아줄 수 있게 저도 더 노력해야겠죠. 진심으로 지역에서 필요로 하는 게 뭔지, 현장에서 필요로 하는 게 뭔지를 듣고 그것에 대한 올바른 해결 방법을

제시해 줄 수 있는 그런 정치인이 필요하다고 생각
하신다면 이용우 의원님을 다시 한번 선택해주시
리라 믿습니다.

이용우의 생각

4부

이용우의
생각

CHAPTER.04

본 에세이 〈이용우의 생각〉은

2021년 11월 ~ 12월까지

한국 경제신문에 연재했던 에세이를 모은 것이다.

이용우의 생각

한류와 혁신

영화 미나리·기생충, 드라마 오징어 게임, 아이돌 BTS 등 '한류' 열풍이 전 세계를 휩쓸고 있다. 미국, 일본 등의 문화를 따라 하기 급급했던 이전의 우리 문화를 생각해 보면 매우 낯선 풍경이다. 몇 년 전 방영된 드라마 '응답하라 1988'에서는 바둑기사 택이가 세계대회에서 우승하는 장면이 담긴다. 원래 바둑 강국은 일본이었다. 일본은 '정석'이라는 이름으로 유형화시키면서 현대 바둑의 규칙을 정립해왔고, 우리나라 기사들 역시 일본 유학을 통해 바둑의 정석을 배웠다.

그런데 1980년대 말, 한국 바둑은 일본을 뛰어넘어 세계대회를 휩쓸기 시작했다. 우리나라의 기사들이 '정석을 깨는 시도'를 한 것이다. 정석에 조금이라도 벗어나는 수는 틀린 행위로 여겨졌지만, 우리 기사들은 과감하게 기존의 틀을 깨나갔다. 그 과정에서 숨겨져 있던 새로운 수를 발견하게 된 것이다.

'한류'라는 말은 그 무렵 처음으로 등장했다. 외국의 기사들이 정석을 깨는 한국 기사의 수에 무엇인가 있다고 생각하면서 이름을 붙인 것이다. 한류라는 말은 우리가 우리 자신을 스스로 지칭하는 단어가 아니라, 외국에서 한국의 특징적인 무언가를 명확히 설명하지 못할 때 사용하는 단어였다.

기존 고정관념의 틀을 깨는 시도에서 새로운 무언가가 나타난다. 카카오뱅크를 만들 때의 일이다. 출범 당시 많은 사람이 카뱅의 성공을 의심했다. 대표이사로 근무하면서 바라본 현장은 더욱 심각했다. 전혀 배경이 다른 정보통신기술(ICT) 출신(카카오)과 금융권 출신(한국투자증권)이 모여 하루가 멀다고 부딪쳤기 때문이다. 은행은 철저한 규제안에서 성장해왔고 ICT는 규제 밖에서 자유롭게 성장해왔으니 그도 그랬을 것이다.

그런데 그 과정에서 새로운 무언가가 등장하기 시작했다. 바로 '관행'이다. 서로에게 던졌던 "이게 왜 그런 거야?"라는 질문은 '자신에게 던지는 질문'으로 변했고, 그 질문에 답을 하기 시작하면서 카카오뱅크만의 혁신이 생겨났다. 당연하다고 생각했던 것들에 의문을 제기하는 과정은 마치 바둑에서 정석을 깨고 새로운 수를 발견하는 것과 비슷하다고 느껴졌다.

한국 경제는 따라잡기catch up 단계를 넘어 선도경제의 단계에 접어들었다. 기존의 고정관념에 의문을 제기하고 새로운 시도를 장려하는 문화가 널리 확산돼야 할 것이다. 그런데 과연 지금의 규제 시스템으로 이 과제를 해결할 수 있을지 의문스럽다.

네거티브 규제 시스템으로의 전환이 절실하다. '스스로 알아서 도전하고 그 책임을 지는 체제'가 바로 네거티브 규제 시스템이다. 이제 누구도 새로운 길을 알려주지 않는다. 새로운 시도만 있다. 이런 새로운 시도를 기존의 관념에 사로잡혀 막지 않는 것, 이것이 우리가 해야 하는 일이다.

열린 사회를 위한 '악마의 대변인' '악마의 대변인'이란 말은 천주교에서 성인을 선정할 때 심사위원 중 한 명에게 의도적으로 반론을 제기하도록 강제한 데서 연유했다. 우리에게 잘 알려진 테레사 수녀의 성인 여부를 심사할 때 무신론자 한 명을 심사위원으로 위촉해 다른 위원의 의견에 반대하게 한 일은 유명하다.

일상생활에서 벌어지는 의사결정 과정에서, 미리 점검한 변수엔 비교적 잘 대처할 수 있다. 예측된 리스크는 리스크가 아니기 때문이다. 예를 들어 자본시장에서 금리인상 혹은 인하를 결정하는 회의가 있을 때 투자자들은 미리 그 결과를 예측하고 이에 대비한 전략을 세워 행동하기 때문에, 큰 혼란이 발생하지 않는다. 하지만 한 조직이 변수를 예측할 수 없는 경우 이에 따른 혼란의 가능성은 커진다.

조직이 획일화돼 있을 때 혼란은 더욱 커질 수 있다. 조직 내부의 구성원들은 비슷한 생각을 공유하기 마련이고, 이견이 있더라도 이단아로 취급받을 수 있어 이견을 제시하기 어렵다. 따라서 집단적 사고에 의한 확증편향이 생긴다. 집단적 확증편향에 빠진 조직은 사전에 짐작하지 못한 사태에서 예측하지 못한 결과, 즉 블랙스완에 빠지게 된다.

악마의 대변인은 확증편향으로 인해 발생하는 블랙스완

같은 혼란을 미리 방지하려는 조치다. 이런 맥락에서 투자의 세계에서는 다수결보다 만장일치에 이르는 의견 조율과정을 중요하게 여긴다. 어떠한 투자 사안에 대해 몇 사람이 반대할 때, 다수결로 밀어붙이는 것보다 반대의견을 들어보고 그 리스크에 대한 대비책을 마련하고 반대자를 설득하는 것이 더욱 나은 결과를 가져오기 때문이다. 버크셔 해서웨이 회장인 워런 버핏과 그의 투자 파트너인 부회장 찰리 멍거의 관계가 그렇다. 투자를 결정할 때, 멍거는 자신의 투자철학이 모두 들어맞을 때까지 'No'라고 이야기한다고 전해진다. 그래서 버핏은 멍거를 '노맨 No Man'이라 부른다.

악마의 대변인을 두는 의사결정 방식을 적용한 것이 '레드팀'이다. 레드팀의 역할은 거래 혹은 게임 상대방의 관점에서 모든 것을 생각하고 이에 대한 대응책을 마련하는 것이다. 따라서 레드팀엔 이견을 듣고 이를 수용하는 열린 자세가 기저에 깔려 있어야 한다. 쉬운 일은 아니다. 쉬웠다면 많은 사람이 훌륭한 의사결정으로 투자에 성공해 돈을 벌었을 것이다.

한국 사회를 돌아본다. 우리 사회가 한 걸음 더 나아가기 위해서는 레드팀을 인정하는 정신이 필요한 것 같다. 하나의 집단적 확증편향에 몰입되는 것이 아니라, 다른 생각을 듣고 그 의견이 내포하는 위험을 발견해 이를 줄여나가는 과정이 필요하다. 시간이 소요될지 모른다. 하지만 예측하지 못한 위험으로부터 사회를 안전하게 유지하는 현명한 방법일 것이다. 한국에는 악마의 대변인과 레드팀 그리고 이들을 인정하는 열린 문화가 필요하다.

선택 그리고 결정.

우리는 살아가는 동안 수많은 선택의 순간을 맞이한다. 선택은 어려운 일이다. 프로스트가 그의 시 '가지 않은 길'에서 말하듯, 어떤 길을 선택하든 아쉬움이 따른다. 선택의 순간 우리는 무엇인가를 '결정 決定'하기 때문이다.

결 決이라는 글자는 '제방을 뚫는다'라는 뜻으로, 결정은 제방을 뚫을 자리를 정하는 것을 의미한다. 농사를 지을 때 필수적인 물을 적절히 조절하기 위해 둑을 쌓아 강물의 범람을 막거나 저수지에 물을 보관한다. 문제는 홍수가 발생할 때 생긴다. 강물이 범람할 우려가 있을 때 가만히 있으면 제방이 무너져 마을 전체가 피해를 볼 수 있다. 피해가 가장 적을 것으로 예상되는 지점을 선택해 다른 곳으로 물길을 내는 일은 치수의 기본이었다. 결정이라는 단어는 그렇게 탄생했다. 중국의 가장 위대한 황제로 요 堯·순 舜과 더불어 우 禹가 거론된다. 우가 황제로 추대된 이유는 물을 잘 다스렸기 때문이다.

결단에는 언제나 선결 조건이 있다. 예를 들어, 피해가 적은 지점에 사람들이 살고 있으면 그들을 대피시키는 일이 선결 조건이다. 1996년 한탄강이 범람할 위기에 처했을 때 제방을 뚫어 해결한 방법이 바로 결단이다. 하나를 선택한다는 것은 다른 것을 포기한다는 의미다. 결정이라는 단어의 의미 속에는 가진 모든 것을 지키려다가 오히려 모든 것을 잃는 우를 범해서는 안 된다는 교훈도 녹아 있다.

전쟁에서 지휘관이 일부 병력을 방어선으로 배치하고 주병력을 무사히 후퇴시키는 상황을 생각해보자. 모든 병사가 소중한데 어떻게 일부 병력을 사지로 보낼 수 있을까? 피해가 예상될 때 그 피해를 최소화하는 방안을 찾아 냉정하게 결정해야 하는 것이다. 우물쭈물하다가는 모든 병력을 잃는 사태를 초래할 수 있다.

투자의 세계에서도 마찬가지다. 손절매라는 것이 있다. 시장 상황을 잘못 보고 잘못된 투자를 했을 때 솔직히 인정하고 손해를 보고 주식을 팔아 현금을 보전하고 다음 투자를 위한 자금을 지키는 행위다. 손절매하지 못하면 투자의 세계에서 도태할 수밖에 없다. 우리는 잘못된 의사결정의 이유를 되돌아보고 같은 실수를 반복해서는 안 된다. 손절매하지 못한 초보자들은 시장이 이상하거나 잘못됐다고 탓한다.

정치에서도 같은 원리가 작동한다. 여론 또는 국민의 선택을 의심하지 말고 스스로 자신을 점검하고 잘못된 것을 솔직하게 인정한 뒤 지금 할 수 있는 일을 해나가야 한다. 지도자에게 이런 결정은 어려운 일이다. 하지만 이 결심을 할 수 있는 사람만이 지도자가 될 자격이 있다.

다시 한번 선택에 직면한 우리는 결정의 의미를 심각하게 고민해봐야 한다. 제방을 잘못 뚫거나 아무것도 하지 않는다면, 모두가 죽는다.

걸림돌, 아니면 디딤돌

청년 문제가 화두가 되고 있다. 정치 영역에서도 핵심 쟁점으로 대두됐다. 청년들은 대학에 입학하기 위해 공교육뿐만 아니라 사교육에 시달리고, 대학에 가서도 안정적인 직장을 구하기 어렵다. 심지어 자산 형성 기회도 없다. 저성장 사회 속에서 빚과 함께 시작한다. 온통 암울한 미래만이 그들 앞에 놓여 있다. 미래에 대한 희망을 품을 수 없는 현실에서 결혼, 내 집 마련, 출산 등은 생각하기도 어려운 상황이다.

제한된 기회를 얻기 위해 치열한 경쟁에 내몰리고 실패하면 누구의 도움도 얻지 못해 재기할 수 없는 세대인 것이다. 부모 세대보다 잘살지 못하는 유일한 세대가 될 가능성이 높은 첫 세대다.

청년들은 막막하다고 하소연한다. '꼰대'의 특성을 지닌 일부 기성세대는 청년세대에게 "나 때는 더 어려웠어"라는 식으로 가르치려고 한다. 맞다. 농경·산업화 시대에는 그러했다. 어른들의 경험이 지혜가 되고 그들의 말이 정답이 되는 배움의 원천이었다.

그러나 지금의 청년세대는 우리가 전혀 경험하지 못한 정보화 도구들을 통해 기성세대가 얻지 못하는 정보를 더 빠르게 익히고, 새로운 경험을 하고 있다. 우리보다 더 많은 것을 배우며 알고 있는 세대다. 이러한 청년에게 "원래 이런 거야", "그렇게 하면 안 돼"라고 하니 소통이 되지 않고, 그들에게 도움도 되지 않는다.

청년세대의 앞에는 기성세대라는 돌이 놓여 있다. 청년세대를 이해하지 못하면 걸림돌이 될 것이고, 그들의 현실을 파악하고 미래의 동반자가 되기 위해 함께 노력한다면 디딤돌이 될 것이다.

고대 이집트에서는 "요즘 애들은 버릇이 없어"라는 글귀를 돌에 새겼다. 그러나 그런 애들이 새로운 혁신을 만들고 역사를 진전시켰다. 혁신은 기존 고정관념과 틀에 대한 의문에서 출발한다. 예전의 것을 그대로 따라하는데 어떻게 새로운 것이 나올 수 있겠는가?

공급자 마인드, 잘될까?

TV 프로그램 '골목식당'을 보면 좋은 재료와 정성으로 음식을 만들었는데 영업이 잘 안되는 경우가 많다. 프로그램을 이끄는 백종원 씨는 이때 손님이 원하는 것과 그 식당을 찾는 이유는 무엇인지, 그리고 음식 주문 후 얼마나 기다릴 의향이 있는지를 질문한다.

이 질문은 경영자에게도 필요하다. 일부 경영자는 자신이 공급한 상품이 팔리지 않으면 소비자가 상품의 가치를 몰라보는 것이라고 변명한다. 이것이 공급자 마인드다. 이를 넘어서기 위해서는 경영학의 가치제안value proposition이 필요하다. 즉 소비자가 이 상품을 왜 사는지, 이를 통해 얻으려는 것은 무엇인지, 우리는 그 니즈에 맞는 상품을 제공하는가에 대한 질문이다. 쉬운 일은 아니다. 소비자의 요구는 수시로 변화하고 알아내기 힘들다. 이 때문에 소비자 조사를 거친 결과가 반영될수록 좋은 상품이다.

카카오뱅크에서 고객 서비스를 준비할 때 놀라운 일이 있었다. 소비자 조사를 한 뒤 그 결과를 공유할 때였다. 통상적으로는 대표, 기획·상품 등을 담당하는 관계자와 소비자 조사를 한 마케팅 담당자들만 참석한다. 그러나 당시 거의 200명에 가까운 전 직원이 참여했다. 모든 구성원이 소비자의 요구를 알고자 했고, 자신의 상품에 무엇을 반영해야 하는지 같이 고민했다. 소비자의 요구에 민감하게 반응해 그에 걸맞은 상품을 내놓기 위함이었다. 인원이 작은 조직이기에 가능한 일로 보일지 모르겠다. 큰 조직일지라도 원활히 소통되는 문화를 조성하면 된다.

경제정책도 같은 원리가 적용된다. "정책의 목표가 국민의 니즈에 부합하는 것일까?" 하는 질문이 필요하다. 정책 목표가 국민의 니즈와 다르면 결과는 뻔하다. 시장은 정책 목표와 달리 반응할 것이다. 시장을 정확히 파악하지 않았기 때문이다. 탁상공론이다. 현장의 다양한 소리를 듣고 그 이유가 무엇인지 살펴봐야 한다. 직접 체험하는 것도 필요하다. 카카오뱅크에서 어떤 상품을 앱으로 구현할 때 대표이던 나도 직접 써보고 궁금한 것, 이상한 것을 피드백했다. 사소한 부분일지라도 나 역시 대부분 소비자와 같이 정보기술(IT) 전문가가 아니기에 그 의견을 반영한 것이 오히려 앱의 완결성을 높이는 데 기여했다.

정부가 발표하는 각종 자료의 데이터에도 공급자 마인드가 작용한다. 디지털 대전환이 화두로 등장하며 데이터가 중요해졌다. 그런데도 여전히 원자료가 아니라 그래프로 가공돼 발표된다. 자신들이 원하는 것만 보여주고자 하는 행위다. 다양한 사람이 다른 각도에서 분석할 수 있도록 '기계가 읽을 수 있는' 데이터를 제공해야 한다.

바야흐로 대선의 계절이다. 각 후보가 공약을 발표하고 있다. 과연 국민의 니즈에 부합하는지 되새겨 봐야 한다. 공급자 마인드를 버리고 국민의 요구를 잘 이해하고 있는지 스스로 물어본다. 좋은 질문을 하면 답은 이미 마련된 것이다.

안다는 것

"아는 것을 안다고 하고 모르는 것을 모른다고 하는 것. 이 것이 아는 것이다."

논어의 한 구절이다. 쉬운 듯, 어려운 이야기다. 자기 지식의 한계를 아는 것이 진정 앎이라는 뜻이다. 지식知識을 얻는 방법은 경험을 통해 원리를 깨치거나 책, 인터넷, 대화 등을 통해 구하는 등 다양하다. 정보의 홍수 속에서 정확한 정보를 판별하고 그 한계를 아는 것, 이것이 아는 것이다. 어떤 정보를 지나치게 일반화하는 것은 아는 것이 아니다. 복잡하고 이해관계가 얽힌 불확실성의 시대에서 일반적인 것은 없다. 모든 명제는 특정한 조건 아래에서만 성립한다.

정책도 마찬가지다. 그 정책이 적용되지 않는 예외 사례가 항상 발생한다. 당연한 일로 받아들이고 보완책을 마련하면 된다. 이런 면에서 정책당국자는 언제나 시장과 현장의 이야기를 들어야 한다. 이런 것이 바로 시장을 알아가는 과정이다.

안다는 것과 비슷한 말로 '슬기롭다'는 뜻의 지혜智慧가 있다. 지식과 지혜의 '지'가 다른 것에 주목해 보자. 지혜에 사용되는 한자는 知(안다)에 日(세월)이 더해진 것이다. 요 컨대 아는 것이 시간이 지나 숙성되는 것을 의미한다. 아는 것을 다른 사람에게 전달하는 것이 가르치는 것인데 잘되지 않는 경우가 많다. 다른 사람, 즉 듣는 사람의 처지를 생각하지 않고 일방적으로 알려주려 했기 때문이다.

좋은 정책은 단지 아는 것을 제시하는 것이 아니다. 그것을 받아들이는 주체, 즉 시장참여자의 반응을 파악해 원하는 결과를 이끌 수 있도록 가격 변화를 주는 것이다. 특히, 경제정책은 시장가격의 변화를 가져오는 것이고 그 변화를 통해 시장 주체를 유도하는 것이다.

시장에 정부가 직접 개입하는 것은 시장실패나 정보 비대칭으로 시장기능이 작동하지 않는 경우로 국한하는 것이 바람직하다. 아니면 시장이 형성되지 않은 상황에서 시장 형성의 마중물 역할로 개입할 수 있다. "시장의 일은 시장이 가장 잘 안다"라는 원칙을 명심해야 한다. 이 원칙을 고려하지 않으면, 그 경제정책은 원하는 결과를 기대할 수 없다. 잘 알고, 모르는 것을 들으며, 설익은 아이디어를 숙성시켜야만 좋은 정책과 결과를 가져올 수 있다.

나는 "열심히 하겠다"라는 말을 잘 쓰지 않는다. 무작정 열심히 하는 것은 문제를 해결하는 방법이 아니다. 오히려 "요령껏 한다"라는 말을 좋아한다. 이 말은 전체 과정과 결과를 여러 가지로 살펴보고 어떻게 하면 원하는 목표를 잘 달성할 것인지 한 발 떨어져서 생각하고 효율적으로 하는 것을 의미하기 때문이다. 이것이 일을 잘하는 방법이다. 여당의 정치인으로서 내년 대선 공약 개발에 다양하게 참여하고 있다. 과연 내가 고안하고 참여한 공약이 단순히 아는 것을 나열하는 것이거나, 설익은 것이 아닌지를 논어의 '안다는 것'이라는 구절을 떠올리며 되돌아본다.

매듭

하루만 지나면 2022년이 열린다. 오늘과 내일의 차이는 별로 없다. 그냥 하루가 지난 것에 불과하지만 우리는 항상 이날에 의미를 부여한다. 그 의미가 무엇일까? '매듭'이라는 말이 떠오른다. 매듭은 끈, 실 같은 것을 묶어 맺은 자리를 말한다. 매듭을 잘 지으면 그 끈은 더욱 강해진다. 끈이나 실을 그대로 사용한다면 강하고 긴 줄을 만들 수 없다. 우리의 인생은 매우 길다. 중간중간 매듭을 지어줘야만 앞으로 잘 나갈 수 있는 것이다.

시간이란 단위는 인간의 발명품 중 가장 획기적인 것의 하나다. 지구의 태양 공전주기를 1년의 기준으로 삼아 월, 일, 시간으로 나눠 매듭짓는 것이다. 사람마다 보는 기준이 다르면 어떠한 합의도 달성할 수 없다. 사람들이 모여 사회를 만들면 가장 먼저 하는 것이 이 기준을 통일하는 것이다. 사회규범이 생기는 이유고, 법도 이렇게 만들어지는 것이다. 만일, 이 기준이 그때그때 다르고 사람마다 다르게 적용된다면 그 사회는 유지되지 않는다. 국회의원이 돼 입법 활동을 하면서 언제나 염두에 둔 것이 다른 사람에게 적용되는 기준은 나에게도 똑같이 적용된다는 것이었다. 과연 올해 내가 그렇게 했는지 돌아본다.

새로운 해를 맞이하며 지난해를 매듭짓기 위해 돌아보는

것은 연초에 목표한 것을 달성했는지, 달성하지 못했으면 그 원인이 무엇인지를 평가하고 그 바탕에서 내년의 할 일을 찾기 위함이다. 처음 세웠던 목표에서 경로를 어느 정도 이탈했는지 정확히 찾아야 한다. 그래야만 처음 세웠던 목표를 달성하기 위해 무엇을 해야 하는지 알 수 있는 것이다. 잘못한 것을 자책만 할 수도, 잘한 것을 자랑만 할 수도 없다. 냉정한 평가를 해야 하는 것이다. 정치인은 항상 평가받는 직업이다. 국민 대중이 원하는 일을 어떻게 해야 할지를 생각하는 직업인이다. 고(故) 김대중 대통령은 "정치인은 국민들보다 반걸음 앞서 나아가야 한다"라고 말했다. 한 걸음 앞서가면 낭떠러지에 빠지고, 같이 가면 정치인의 자질이 없다는 뜻이다. 이런 평가 기준에서 정치인으로서 나는 어떤 평가를 받는지 생각해본다. 한 해를 매듭짓는다는 것은 새로운 시작을 위한 준비인 것이다. 매듭을 짓는 일을 게을리하면 현재 자신이 서 있는 위치를 알 수 없고, 전혀 엉뚱한 길에서 헤맬 수도 있다. 미래의 길을 찾는 출발점이고 더욱 발전하고 강해지는 방법이 매듭을 잘 짓는 것이다.

새해에는 대선이 치러진다. 지난 시간을 매듭짓고 어떤 미래를 열 것인지 선택하는 중차대한 시기다. 앞으로 다가올 미래에 우리가 달성해야 할 과제는 무엇인지 확실히 알아야 하고, 이를 수행할 수 있는 지도자를 선택해야 한다. 과연 우리는 어떤 선택을 해야 할까?

자기평가

평가의 계절이다. 회사에서는 그 평가에 따라 승진과 연봉이 결정된다. 평가가 공정하면 조직의 활력이 더욱 높아진다. 반면 불공정하면 조직은 혼란에 빠지게 된다. 공정한 평가가 중요한 이유다.

예전에는 조직의 윗사람이 아랫사람을 평가하는, 즉 수직적 평가가 일반적이었다. 오랫동안 축적된 경험에 따른 지식을 가진 선임자의 결정이 후임자의 그것보다 나을 수 있다는 이유였다.

그러나 최근 평가의 방식이 다양해지고 있다. 요즘은 360도 평가, 즉 다면평가가 많이 활용된다. 조직의 아래위와 주변 동료가 서로 평가하는 기법이다. 왜 달라졌을까? 지금은 누구나 구글링을 통해 정보에 쉽게 접근할 수 있기에 정보를 취득하고 분석해 새로운 의미를 찾아내는 능력이 −중요하다. 일반적으로 우리와 같은 세대는 정보 취득에 대해 새로운 세대보다 우월하지 못하다. 또한, 분석해 새로운 의미를 찾아내는 경험적 지식이 있을 수 있지만 이런 경우는 제한적이다. 전통적인 수직적 평가가 퇴색하는 이유다. 급변하는 환경 속에서 새로운 경험과 트렌드에 대한 이해도를 높이기 위해서는 다양한 시각을 받아들이고 이해하는 노력이 필요하다. 수평적이고 유연한 조직을 요구받는 환경에서

다면평가가 유행하는 이유다.

다면평가와 관련해서 간과되기 쉬운 것을 꼽자면 바로 자기평가다. 예를 들어 '소통을 잘하고 의견을 충분히 듣고 의사결정을 하는가?'라는 평가 항목을 생각해 보자. 윗사람, 주변 동료, 아랫사람에게 5점 척도로 점수를 주는 경우, 자기평가에서 4점을 주고 있는데 주변 동료는 2점, 아랫사람은 1점, 윗사람은 5점을 준다면? 이 예시는 본인은 소통을 잘한다고 생각하지만, 아랫사람과 주위 동료는 그렇게 보지 않으며 윗사람에게만 소통하는 경우가 되는 것이다.

가장 좋은 평가는 자기평가 점수와 다면평가 점수가 일치하는 경우다. 하지만 그런 결과는 잘 나오지 않는다. 주관적 평가와 객관적 평가의 차이가 적으려면 입장을 바꿔 생각하고 타인의 이야기를 잘 듣는 것에서 출발해야 한다. '입은 하나이지만 귀가 둘'인 이유다. 자기를 중심으로 놓고 보고 싶은 것만 봐서는 안 되는 것이다.

자기평가와 다면평가는 고정된 것이 아니다. 변화하는 것이다. 이 둘의 차이를 줄이기 위해서는 수시로 두 가지 평가를 하면서 차이를 줄이기 위해 무엇을 해야 하는지 되돌아보는 성찰의 자세를 가져야 한다. 정치를 시작하면서 언제나 듣는 이야기 중 하나는 "초심을 잃지 마라"는 것이었다. 수시로 자기 점검을 하고 궤도를 벗어나지 말라는 뜻일 것이다.

　연말, 자기를 돌아보는 평가의 계절이다. 한 해를 마무리하며 스스로 돌아보지 않고 내년의 목표를 재정립하지 못한다면 우리의 내일은 변하지 않을 것이다. 우리는 주기적으로 자기 객관화를 통해 더욱 나은 내일을 준비해야 한다.

세상에 없는 세 가지

"세상에는 세 가지가 없다. 그것은 바로 공짜, 비밀, 정답이다." 직장생활, 그리고 정치를 하면서 어떠한 결정을 할 때 항상 떠올리는 경구다.

공짜가 없다는 것은 경제의 기본 원리로 모든 행위에는 비용이 수반된다는 의미다. 플랫폼 경제로 모든 것이 연결된 사회에서 우리는 많은 서비스를 무료로 제공받는다. 과연 무료일까? "무엇인가를 사용하는 대가가 무료라면 그것을 사용하는 당신이 바로 상품이다"라는 말이 있다. 우리의 생활 행태가 업체에 데이터 원료로 제공되고 있다. 현재 우리가 겪는 기후위기도 자연이 제공한 화석연료를 인간이 에너지를 얻기 위해 사용한 대가다.

선택할 때 고려해야 하는 것은 비용과 부담 주체의 문제다. 경제정책에서 익숙한 '수익자 부담 원칙'도 그중 하나다. 도로, 철도, 다리 등 사회간접자본 건설 비용은 그것으로부터 편익을 얻는 이용자가 부담해야 한다는 원칙이지만, 극단으로 적용하면 국가의 존재 이유는 사실상 사라진다. 서울 강동구와 구리시를 잇는 구리암사대교 사례를 보자. 수익자 부담 원칙을 적용한다면 관련 지방자치단체 주민이 건설비용을 부담해야 한다. 그러나 사업비 약 4,000억 원을 국가와 서울시가 절반씩 부담했다. 왜 전 국민의 세금이 투입돼야 했을까? 지역균형발전과 교통정체 해소 등 다양한 국가적 목표를 달성하기 위해서다. 그 비용 부담에 대해 사회적 합의를 끌어내는 것이 중요하다. 그것이 정치다.

비밀이 없다는 말은, 진실은 언젠가는 드러난다는 의미다. 거래할 때 상대방을 속이거나, 정책을 결정할 때 국민에게 그 의미를 숨기려고 한다면, 결국 실패할 수밖에 없다. 정보의 흐름이 초스피드로 전달되는 시대엔 더욱 그렇다. 이런 시대에, 상품을 파는 사람과 사는 사람 간 보유한 정보의 양 차이로 올바른 정보가 제공되지 않는다면 불공정한 결과를 초래할 수 있다. 경제학에서 말하는 '정보의 비대칭성에 의한 시장의 실패'가 발생하는것이다. 정보의 투명한 공개로 많은 사람이 왜곡된 의사결정 가능성을 검증할 수 있는 시스템이 필요하다. 이것이 정책의 목표가 돼야 한다.

정답이 없다는 말의 의미는 더욱 중요하다. 영어의 'different'는 '다르다'는 의미다. 그러나 '맞다'의 반대인 '틀리다 wrong'로 생각해 다른 의견을 배제하고 고치려고 노력하는 경우가 종종 발생한다. 우리가 가장 경계해야 하는 부분이다. 민주주의 사회에 정답은 없다. 어떠한 사안에 대해 다양한 의견이 표출되는 것은 당연한 일이고, 서로 다른 것을 인정하는 것에서 출발해야 한다. 다른 속에서 최소한의 공감하는 부분(최소공약수)을 찾아 이견을 조율하며 점차 앞으로 나아가는 실천이 필요하다.

세상에 공짜, 비밀, 정답이 없다는 것을 겸허히 인정하고 정치를 해야 한다는 다짐을 다시 한번 하게 된다.

Epilogue

/

에필로그

이쌍규, 정인성

EPILOGUE

월남전 참전용사의 아들. 21대 민주당 국회의원 이용우. 그는 기업가 출신의 정치인이다. 기업가 출신이지만, 젊었을 때부터 여의도 정치적 경험으로 단련된 국회 보좌관 출신의 특이한 이력을 소유한 사람이다. 경제학자 출신으로 그의 화두는 '공정과 혁신'이다. 공정한 시장경제 질서를 확립함으로써 개별경제 주체들이 제대로 경쟁할 수 있고, 혁신할 수 있는 환경을 만들어줄 것인가의 문제에 대한 정책 입안이 주 관심사다. 한마디로 경제 이론과 실물경제를 모두 겸비한 경제전문가 출신의 초선 국회의원이다.

그는 프레임의 진영논리로 경제정책을 바라보지 않는다. 시장질서나 시장원리를 존중한다. 우리 사회는 굉장히 복잡하므로 경제정책을 세울 때 그 이해관계의 내용에 대해서 폭넓고 정밀하게 이해하지 못하면, 수박 겉핥기식의 단기적인 것에 매몰될 가능성이 있다. 그는 우리 사회의 가장 문제가 되는 것 중 하나가 경제적 양극화와 불평등이라고 생각한다. 그는 그 해결 방안을 합리적인 정책으로 해소하고자 노력한다. 자본주의 사회는 시장원리가 가장 중요하다. 그러면 그 불평등을 시장원리로 막을 방법이 있을까? 그것을 첫 번째 과제로 먼저 고민하고, 두 번째로는 시장원리에서 해결이 안 되는 시장의 실패가 나왔을 때 그걸 어떻게 보완할 것인가? 두 번째로 고민한다. 시장 전체의 원리 자체가 흔들리는 정책의 부작용을 최소화하는 실사구시의 경제정책을 항상 고민하는 정치인이다. 또한, 경제정책의 과학적 데이터 실증분석을 중요시한다.

그는 정치적 갈등을 무서워하지 않는다. 갈등을 해결하지 않는 소통의 부재가 더 큰 문제라고 생각한다. 원래 국회는 각 당의 이해관계에 따라 갈등을 증폭시키고, 그곳에서 다시 합의를 도출하는 갈등 조정의 공론장이다. 누구라도 자신의 이해관계에 걸린 문제를 순순히 양보하지는 않는다. 그래서 주고받는 정치적 양보 과정이 필요하다. 그는 이 과정에서 '이런 건 내가 양해할 수 있다. 대신에 이건 나에게 양보해 주었으면 좋겠다'라는 이런 설득의 과정을 중요시한다. 그 과정이 혼란스럽고 소란스러운 것이 당연하다고 생각하는 '타협과 양보의 정치인'이다. 이의원은 '올 오어 낫띵All or Nothing'의 게임 정치를 하지 않는다. '상대방을 무조건 이겨야 한다. 무조건 내가 저 사람보다 낫다'라는 이런 혐오의 정치 프레임을 너무 싫어한다.

그는 대중 추수주의이고, 포퓰리즘 정치를 하지 않는다. 아무리 큰 비전이 있어도 대중과 호흡을 같이 하면서 대중이 받아들일 수 있는 구체적 비전에 다가갈 수 있도록 하나의 모멘텀을 만들고자 노력한다. 정치를 이분법적으로만 보지 않고, 입체적으로 접근하는 **'서생의 문제의식과 상인의 현실감각'을 가지고 있는 시대비전을 가진 정치인이다. '내가 추구하는 가치와 비전은 이거고, 내가 앞으로 그것을 위해서 어떻게 할 것입니다'라고 하는 포지티브 메시지를 소유한 사람이다.**

정치는 죽이는 게 아니고, 살리는 것이다. 민주당 정치인들을 보면 학생운동을 했거나, 시민운동을 했거나, 인권변호사를 했거나, 참여연대 출신이거나 하는 다소 제한적인 그룹이 포진해 있다. 그런 면에서 보면 이용우 의원은 특이한 면이 많다. 일반적으로 '저 경력에 왜 민주당에 가지? 색깔이 국민의힘 저쪽이 더 맞지 않나?' 이런 생각도 들 수도 있다. 그러나 그는 국회의원이라는 자리가 어느 특정 진영의 목표와 수단이 되어서는 안 된다고 생각하는 사람이다. 공정한 시장을 통해서 새로운 도전을 많이 할 수 있는 역동적인 사회, 역동적인 경제를 만드는 것이 정치적 목표가 되어야 한다고 주장한다. 국회의원의 권력에 집착하지 않는 선비정신을 가진 정치인이다. 야구로 치자면 4번 타자의 능력이지만, 팀의 우승을 위해서 타순의 순위 자존심을 집착하지 않는 리베로libero 같은 능력을 갖춘 그런 사람이다.

8시간의 긴 인터뷰 시간. 후줄근한 티셔츠에 낡은 청바지를 입은 소탈한 그의 모습. 사실 그는 능변가는 아니다. 어떤 때는 말이 어눌하다거나 질문의 답변 목소리가 아주 작아서 질문의 요지가 헷갈릴 때도 있었다. 또한, 인터뷰어와의 정서적 교감을 위한 감성적 스킨십이 부족할 때도 있었다. 그러나 그의 답변은 항상 진지했고, 솔직하고 논리적이었다. 막상 재산을 공개해보면 땅 없고, 집 하나밖에 없고, 주식 하나도 없는 가난한 부자의 모습. 공적 가치를 위해 카카오뱅크 스톡옵션의 수백억 원을 기꺼이 포기한 그의 당당한 우직함을 엿볼 수도 있었다.

"저를 띄워줄 강한 바람이 불지는 않는다. 그러나 저는 국민에게 어떤 사안이 있으면 솔직하게 말씀드리고 기본적으로 해나가야 할 일을 할 것이다. 그것으로 국민에게 평가받고 싶다. 그건 자신이 있다. 저는 제 소신대로 움직일 뿐이지, 무슨 친명이니 반명이니 하는 것에 관심도 없고, 누구 밑에 들어간다는 생각도 하지 않는다."

진정성 있는 그의 마지막 말에 어느 시구절이 인터뷰어의 정치적 뇌를 은근하게 다시 강타하기 시작했다. 많은 국민이 이런 경제전문가 출신의 공력 있는 정치인이 민주당에도 존재한다는 것을 아직 모른다는 것이 그저 안타까울 뿐이다.

"소리에 놀라지 않는 사자처럼, 그물에 걸리지 않는 바람처럼, 진흙에 더럽히지 않은 연꽃처럼, 무소의 뿔처럼 묵묵히 가라."

한여름. 이쌍규 씀

인터뷰 중에 쉬는 시간을 가지면서 이용우 의원과 이런 대화를 나눴다.

"의원님 정말 중요한 일들을 많이 하고 계시는데, 이해하는데 공부가 많이 필요한 것 같아요."

"섹시(?)하지 않죠?"

본인도 안다. **대중적으로 유명해지려면 시류에 편승해서 누군가를 악마화하거나 사건 사고를 쫓아다니면 된다. 하지만 이 사람은 그럴 생각이 없다. 수백억을 포기하고 정치를 시작했으면 정치를 오래 하기 위해서라도 대세를 따를 수 있는데 그렇게 안 하는 것이다. 정치의 아이러니는 여기에 있다. 우리 국민은 정치인들이 맨날 싸운다고, 필요한 일은 안 하고 쇼만 한다고 욕을 하지만, 정작 표는 잘 싸우고 쇼를 잘하는 사람에게 몰아준다. 이용우 같은 사람은 법안을**

백여 개 넘게 발의해도 뭐 하는지 모르기 때문에 인기가 없다. '섹시'하지 않기 때문이다.

섹시하지 않은 사람을 어떻게 하면 섹시하게 만들 것인가? 어쨌든 나는 인터뷰를 진행하고, 책을 써야 하는 처지이기 때문에 고민이 되었다. 이 책의 3부에 보좌관 인터뷰에서도 그런 고민이 느껴질 것이다.

하지만, 꼭 섹시해야만 하는가? 섹시한 것만 찾는 우리가 문제가 아닐까? 섹시하지 않은 정치인도 사랑할 수 있는 사회가 되는 게 더 건강한 사회로 나아가는 길이 아닐까? 매일 잠깐의 트림을 위해 콜라니 사이다니 찾는 것보다는.

안타까운 건 그뿐이 아니다. 같은 당내에서도 이용우 의원과 같은 사람을 환영하지 않는 것 같았다. 당 지도부와 다른 목소리를 종종 낸다는 이유로 온갖 종류의 모욕과 괴롭힘에 보좌관들까지 시달린다고 한다. 방법론이나 사안별로 이용우 의원과 동의하는 사람도 있을 것이고, 그렇지 않은 사람도 있을 것이다. 그건 당연하다. 누군가와 100% 의견이 같다면 그건 오히려 정신건강을 의심해봐야 한다. 게다가 그 다름을 인정하지 못해 폭력을 행사하는 것이 어떻게 정당화되는지는 알 길이 없지만, 요즘 추세가 점점 더 그런 것 같다. 예전에 도널드 트럼프 대통령과 그 지지자들을 보면서 우리나라가 적어도 저러진 않아서 다행이다 싶었는데 그게 우리의 미래 모습이었을 줄 누가 알았겠는가.

2024년 총선에서 어떤 사람들이 공천받게 될 것이고 어떤 사람들이 국민의 선택을 받게 될지는 알 수 없다. 이용우 의원도 정치를 계속할 수 있을지 없을지 알 수 없다. 현재 분위기로만 보면 양당이 모두 민심과 동떨어진 당심만 바라보고 정치하는 느낌이 강하게 들기에 이용우 같은 사람이 계속 정치를 할 수 있을지 의구심이 많이 드는 것도 사실이다.

하지만 21대 국회의원 중에 이런 활동을 하는 정치인도 있다는 것을 알려야 국민이 앞으로 어떤 선택을 하든지 간에 도움을 줄 수 있다고 생각한다. 그렇다면 이 책의 미션은 다한 것이다.

정인성 씀.

Political Effect 2. 이용우의 플랜

1판 1쇄	2023년 8월 15일
펴 낸 곳	도서출판 답
기 획	손현욱
섭 외	정정현
에 디 터	정인성
인터뷰어	이쌍규, 김지은 ,정인성
인터뷰이	이용우 국회의원
촬 영	김대명
사 진	오미현
디 자 인	김지민
홍 보	이충우
출판등록	2010년 12월 8일 / 제 312-2010-000055호
전 화	02.324.8220
팩 스	02.6944.9077

이 도서는 도서출판 답이 저작권자와의 계약에 따라 발행한 것이므로,

도서의 내용을 이용하시려면 반드시 저자와 본사의 서면동의를 받아야 합니다.

이 도서의 국립중앙도서관 출판예정도서목록(CIP)은 서지정보 유통지원시스템 홈페이지(http://seoji.nl.go.kr)과 국가자료 종합목록 시스템 (http://www.nl.go.kr/kolisnet)에서 이용하실 수 있습니다.

ISBN 979-11-87229-67-4

값 22,000원